Recuperação de empresas:
o processo especial
de revitalização

Recuperação de empresas: o processo especial de revitalização

L. Miguel Pestana de Vasconcelos
Professor da Faculdade de Direito da Universidade do Porto

RECUPERAÇÃO DE EMPRESAS:
O PROCESSO ESPECIAL DE REVITALIZAÇÃO
AUTOR
L. Miguel Pestana de Vasconcelos
EDITOR
EDIÇÕES ALMEDINA, S.A.
Rua Fernandes Tomás, n.ᵒˢ 76-80
3000-167 Coimbra
Tel.: 239 851 904 · Fax: 239 851 901
www.almedina.net · editora@almedina.net
DESIGN DE CAPA
FBA.
PRÉ-IMPRESSÃO
EDIÇÕES ALMEDINA, S.A.
IMPRESSÃO E ACABAMENTO
Vasp - DPS

Fevereiro, 2017
DEPÓSITO LEGAL
421119/17

Os dados e as opiniões inseridos na presente publicação são da exclusiva res-ponsabilidade do(s) seu(s) autor(es).
Toda a reprodução desta obra, por fotocópia ou outro qualquer processo, sem prévia autorização escrita do Editor, é ilícita e passível de procedimento judicial contra o infractor.

 GRUPOALMEDINA

BIBLIOTECA NACIONAL DE PORTUGAL – CATALOGAÇÃO NA PUBLICAÇÃO
VASCONCELOS, L. Miguel Pestana de
RECUPERAÇÃO DE EMPRESAS: O PROCESSO ESPECIAL
DE REVITALIZAÇÃO
(Manuais profissionais)
ISBN 978-972-40-6631-8
CDU 347

À memória do Senhor Professor Doutor Jorge Ribeiro de Faria

PREFÁCIO

Este trabalho assenta na minha lição de agregação proferida no dia 21 de julho de 2015, na Faculdade de Direito da Universidade do Porto, cujo arguente foi o Prof. Doutor Luís Menezes Leitão, a quem agradeço as observações e a análise crítica.

O texto que tem por base, e que foi entregue ao júri, acabou de ser escrito em fevereiro de 2014. Acrescentei algumas reflexões posteriores, assim como atualização da bibliografia mais relevante entretanto surgida e de alguma jurisprudência. Alargou-se também a parte histórica que, por constrangimentos do tipo de prova, não tinha sido incluída na versão original.

Porto, 18 de dezembro de 2015

SIGLAS

ADCo	Anuario de Derecho Concursal.
CRCSPSS	Código dos Regimes Contributivos do Sistema Previdencial de Segurança Social.
Dir.	O Direito.
Dir. Fall.	Il diritto fallimentare e delle società commerciali.
DSR	Direito das sociedades em revista.
EBOLR	European Business Organization Law Review.
RDCPC	Revista de Derecho Concursal y Paraconcursal.
RDES	Revista de Direito e de Estudos Sociais.
RDS	Revista de Direito das Sociedades.
RFPDF	Revista de Finanças Públicas e Direito Fiscal.
RFDUP	Revista da Faculdade de Direito da Universidade do Porto.
RLJ	Revista de Legislação e de Jurisprudência.
ROA	Revista da Ordem dos Advogados.

1. Introdução*

I. A criação de mecanismos que permitam a recuperação de um devedor, em especial um devedor titular de empresa (*maxime*, uma sociedade comercial)[1], esteja ele já insolvente/falido, em situação de insolvência iminente ou em situação económica difícil, é recente. Ela tem as suas raízes no Código de processo civil de 1961, mas só assumiu real expressão com o Dec.-Lei n.º 177/86, de 2/7, que criou o processo especial de recuperação da empresa e da proteção dos credores, regime depois aperfeiçoado e desenvolvido pelo Código dos processos especiais de recuperação de empresa e de falência (CPEREF), antecedente do atual código. Pode chamar-se a este período[2], que vai até ao CIRE (na sua versão inicial), como falência-saneamento, a que se contrapõe a simples liquidação, ou falência-liquidação[3].[4]

---

* O trabalho beneficiou, numa versão prévia, dos amáveis comentários dos meus colegas Profs. Doutores Paulo Vasconcelos, Paulo de Tarso Domingues e Rui Pinto Duarte, a quem agradeço. Quaisquer insuficiências são obviamente minhas.

[1] E é sobre estes devedores que incide este trabalho, pese embora o PER ter na nossa perspetiva um âmbito de aplicação subjetivo mais amplo – ver *infra* n.º 5.1.1.

[2] Com Luís CARVALHO FERNANDES, *O Código da insolvência e da recuperação de empresas na evolução do regime da falência no direito português*, in: Colectânea de estudos sobre a insolvência, Quid Juris, Lisboa, 2009, p. 42.

[3] Apontando estas duas vertentes, VASCO LOBO XAVIER, *Falência*, in: Pólis, Enciclopédia Verbo da sociedade e do Estado, 2, Tipografia Guerra, Viseu, 1983, p. 1363.

[4] Para a evolução do direito falimentar entre nós, de que aqui não curamos, ver ANTÓNIO MENEZES CORDEIRO, *Introdução ao Direito da insolvência*, Dir., 2005, pp. 473, ss..

2. A evolução do direito da recuperação

2.1. Do Código de processo civil ao Dec.-Lei n.º 177/86, de 2/7

I. O Código de processo civil de 1961 (CPC)[5] estabeleceu um desvio à falência-liquidação, que vigorou até essa data, dando prevalência aos meios de preventivos daquela sobre a liquidação judicial. Escrevia-se no relatório do diploma (Decreto-Lei n.º 44 129, de 28 de Dezembro de 1961) que aprovou o Código: "A nova regulamentação processo de falência dá primazia aos meios preventivos. Não se limita a tratá--los em primeiro lugar, como é de boa ordem; dá-lhes prioridade real. É que a concordata ou acordo de credores é sempre preferível, em regra, à ruinosa liquidação judicial".

Estes instrumentos[6] eram a concordata e o acordo de credores. Podiam ser preventivos ou suspensivos da falência.

No primeiro caso, o recurso à concordata implicava que o comerciante que estivesse impossibilitado de cumprir as suas obrigações, "antes de cessar efectivamente os pagamentos, ou nos dez dias seguintes à cessação, se apresentasse ao tribunal competente para a declaração de falência, requerendo a convocação dos credores" (art. 1140.º n.º 1 CPC), e que ela fosse apresentada por requerimento até cinco dias antes da data fixada para a reunião daqueles. (art. 1147.º, n.º 1 CPC)[7]

---

[5] Sobre este regime, e, mais em geral, sobre a evolução do direito português da falência, ver: PEDRO DE SOUSA MACEDO, *Manual de direito das falências*, vol. I, Almedina, Coimbra, 1964, pp. 33, ss.; LUÍS CARVALHO FERNANDES, *O Código da insolvência e da recuperação de empresas na evolução do regime da falência no direito português*, in: Colectânea de estudos sobre a insolvência, Quid Juris, Lisboa, 2009, pp. 41, ss. LUÍS MENEZES LEITÃO, *Direito da insolvência*, 6.ª ed., Almedina, Coimbra, 2015, pp 45, ss.; PEDRO PIDWELL, *O processo de insolvência e a recuperação da sociedade comercial de responsabilidade limitada*, Coimbra Editora, Coimbra, 2011, pp. 37, ss..

[6] Cfr. P. SOUSA MACEDO, *Manual de direito das falências*, vol. I, cit., pp. 338, ss..

[7] Proferido o despacho do juiz, ficavam suspensas todas as execuções contra o apresentante, com exceção das que tivessem por fim a cobrança de créditos com preferência que pudesse ser atendida no processo de falência (art. 1142.º n.º 3). O devedor conservava administração dos bens e a gerência do seu comércio, com

Mais tarde, já na assembleia definitiva de credores, seria discutida e aprovada. Era ainda admitido nessa fase que qualquer credor sugerisse alterações, ou mesmo, que propusesse por sua iniciativa uma concordata (art. 1152.º, ns. 1 e 2 CPC).

Para aprovação da concordata era necessário que obtivesse o voto favorável da maioria absoluta dos credores com direito a voto, representando pelo menos 75 por cento dos créditos correspondentes[8]. Se fosse aprovada, a assembleia poderia designar um ou mais credores para fiscalizarem a sua execução (art. 1154.º, n.º 1 CPC). Carecia ainda de ser homologada (art. 1160.º CPC).

Se não fosse aprovada, ou se não houvesse proposta de concordata, podiam os credores deliberar constituir uma sociedade por quotas para continuar o giro comercial (art. 1167.º, n.º 1). Este instrumento denominava-se acordo de credores (art. 1167.º CPC). Ainda, caso não fosse aprovado nem um nem outro destes instrumentos, ou se fossem rejeitados pelo tribunal, deveria ser de imediato declarada a falência (art. 1173.º, n.º 1).

Conforme se vê, no esquema gizado pelo legislador do CPC de 1961 os meios preventivos não tinham caráter alternativo, mas sucessivo, só se podendo recorrer ao acordo de credores na falta da concordata, ou se ela não fosse aprovada.

Finalmente, era ainda possível recorrer a estes instrumentos depois da declaração de falência, já não como meios preventivos, mas somente suspensivos dela (art. 1266.º)[9].[10]

---

o concurso e sob a fiscalização do administrador e dos credores designados para o auxiliarem, sendo-lhe, porém, vedado praticar atos que diminuíssem o seu ativo ou modificassem a situação dos credores (art. 1144.º).

[8] Se não fossem deduzidos embargos, a sentença de homologação ou rejeição da concordata deveria ser proferida no prazo de cinco dias (art. 1158.º).

[9] Sobre eles, ver P. Sousa Macedo, *Manual de direito das falências*, vol. II, Almedina, Coimbra, 1968, pp. 495, ss..

[10] Depois de proferida a sentença de verificação de créditos em 1.ª instância, podem o falido, seus herdeiros ou representantes apresentar proposta de concordata; podem também os credores que representem mais de metade da importância dos créditos comuns verificados ou o administrador de falência requerer a convocação

II. Posteriormente, depois do 25 de abril de 1974, foram criados mecanismos de recuperação de empresas em situação económica difícil, por via administrativa através, de entre outros, dos contratos de viabilização[11] (Dec.-Lei n.º 353-H/77, de 27/8). O seu cerne consiste na declaração da situação económica difícil (art. 1.º do Dec.-Lei n.º 353-H/77, de 27/8)[12], a ser requerida ao governo (art. 3.º, n.º 2 do Dec.--Lei n.º 353-H/77, de 27/8), devendo ser no prazo de seis meses apresentada proposta de contratos de viabilização com as instituições de crédito (art. 6.º, n.º 2 do Dec.-Lei n.º 353-H/77, de 27/8)[13].[14]

III. Momento central neste quadro consistiu a publicação do Dec.--Lei n.º 177/86, de 2/7, em que pela primeira vez se cria um processo judicial destinado à recuperação de empresas (o processo especial de recuperação da empresa e da proteção dos credores)[15], alternativo ao

duma assembleia de credores para deliberar sobre a conveniência de concordata ou acordo.

[11] Sobre eles, ver ANTÓNIO MENEZES CORDEIRO, *Saneamento financeiro: os deveres de viabilização das empresas e a autonomia privada*, in: Novas perspectivas de direito comercial, Faculdade de Direito da Universidade clássica de Lisboa, centro de estudos judiciários, Almedina, Coimbra, 1988, pp. 57, ss.. Estes contratos foram introduzidos pelo Dec.-Lei n.º 124/77, de 1/4, alterado pelo Dec.-Lei n.º 112/83, de 22/2.

[12] "Podem ser declaradas em situação económica difícil empresas públicas ou privadas cuja exploração se apresente fortemente deficitária, prevendo-se que a sua recuperação seja problemática ou demorada." (art. 1.º n.º 1 do Dec.-Lei n.º 353-H/77, de 27/8).

[13] "Durante os primeiros seis meses de vigência das medidas, e sob pena da sua caducidade, as empresas que se encontrem nas condições previstas no Decreto-Lei n.º 124/77, de 1 de Abril, terão obrigatoriamente de apresentar proposta de celebração de contrato de viabilização." (art. 6.º, n.º 2 do Dec.-Lei n.º 353-H/77, de 27/8).

[14] Neste quadro foi criada a PARAEMPRESA, tendo como objeto "a recuperação de empresas de estatuto privado em dificuldades financeiras, mas economicamente viáveis". Sobre este regime, ver L. CARVALHO FERNANDES, *Sentido geral dos novos regimes de recuperação da empresa e da falência*, DJ, 1999, pp. 13, ss..

[15] Sobre ele, ver ARMINDO RIBEIRO MENDES, *O processo de recuperação de empresas em situação de falência*, Rev. Ban., 1987, pp. 67, ss.; JOÃO ANTUNES VARELA, *A recuperação das empresas economicamente viáveis em situação financeira difícil*, RLJ ano 123.º, pp. 271,

processo de falência, que continuou a ser regulado pelo CPC. Pretendia-se, nos termos do preâmbulo do diploma, introduzir "com caráter sistematizado e coerente" um "direito pé-falimentar", visando a "recuperação da empresa" e a "adequada proteção de credores". Este diploma foi completado posteriormente pelo Dec.-Lei n.º 10/90, de 5/1. Em conjunto, os referidos normativos deram corpo a um primeiro sistema judicial de recuperação de empresas, cuidadosamente desenhado, e que não tem merecido a atenção devida.

Passamos a expor os seus traços caracterizadores, naquilo que diretamente nos interessa.

IV. Podiam recorrer a este processo, nos termos do art. 2.º Dec.-Lei n.º 177/86, de 2/7, as sociedades comerciais, os comerciantes em nome individual, as sociedades civis sob forma comercial e as cooperativas. Estes sujeitos, estando impossibilitados de cumprir as suas obrigações, dever-se-iam apresentar-se a tribunal, requerendo uma medida de recuperação (art. 1.º, n.º 1 do Dec.-Lei n.º 177/86, de 2/7)[16].

Quem aprovava a medida de recuperação eram os credores em assembleia reunida para esse efeito, com base num relatório do administrador [art. 9.º, n.º 4, al. b), e n.º 5, art. 16.º, n.º 3 do Dec.-Lei n.º 177/86, de 2/7], sendo necessária para tal uma maioria que representasse pelo menos 75% dos créditos aprovados (art. 17.º, n.º 4 do Dec.--Lei n.º 177/86, de 2/7)[17].

As medidas previstas eram três (art. 3.º do Dec.-Lei n.º 177/86, de 2/7): a concordata (art. 20.º do Dec.-Lei n.º 177/86, de 2/7), o acordo

---

ss.; L. CARVALHO FERNANDES, *O Código da insolvência e da recuperação de empresas na evolução do regime da falência no direito português*, cit., pp. 55, ss..

[16] Um credor da empresa, ou mesmo o Ministério Público, poderiam recorrer a ele, nos termos, respetivamente, dos ns. 2 e 3 do art. 1.º do Dec.-Lei n.º 177/86, de 2/7.

[17] Previamente, no entanto, e ainda antes de o juiz ter proferido despacho sobre a verificação dos pressupostos do processo de recuperação, os credores que representassem pelo menos 75% dos créditos conhecidos podiam, alegando justificadamente a "insuperável inviabilidade financeira da empresa", opor-se, caso em que teria que ser logo declarada a falência (art. 6.º, n.º 1 Dec.-Lei n.º 10/90, de 5/1, e art. 15.º, n.º 1 do Dec.-Lei n.º 10/90, de 5/1).

de credores (art. 26.º do Dec.-Lei n.º 177/86, de 2/7) e, com caráter inovador, a gestão controlada (art. 33.º do Dec.-Lei n.º 177/86, de 2/7).

Esta consistia na execução de um plano de recuperação económica da unidade empresarial, mediante nova administração, aprovado pela assembleia de credores e homologado por decisão judicial (art. 33.º, n.º 3 do Dec.-Lei n.º 177/86, de 2/7). A gestão podia ser fiscalizada por uma comissão representativa dos credores, nomeada pela assembleia (art. 34.º do Dec.-Lei n.º 177/86, de 2/7). Do plano fariam parte um conjunto muito amplo de medidas previstas na lei[18]. Para além delas, poderia ainda ser integrado por medidas complementares (art. 36.º, n.º 1 do Dec.-Lei n.º 177/86, de 2/7).

V. No seio deste diploma, que criou um sistema bastante completo e bem gizado, existiam já mecanismos de proteção do devedor de execuções por parte dos credores: suspendiam-se as já instauradas desde o despacho inicial do juiz (art. 11.º e 8.º do Dec.-Lei n.º 177/86, de 2/7). Por outro lado, introduziu-se, por via de uma alteração ao CPC, um afastamento do prazo para o devedor se apresentar à falência (art. 1140.º CPC).

É, por fim, importante destacar que o *fresh money* podia ser igualmente protegido. Na verdade, era possível tutelar os créditos decorrentes de financiamentos concedidos no quadro da gestão controlada por via da concessão de um privilégio mobiliário geral [art. 3.º, n.º 1, al. n) e art. 42.º do Dec.-Lei n.º 177/86, de 2/7], assim como aqueles concedidos durante o próprio processo que fossem necessários para a manutenção da empresa em funcionamento[19].

---

[18] Assim, p. ex., o aumento de capital, a conversão de créditos em participações no aumento de capital deliberado, condicionamento do reembolso de todos os créditos ou de parte deles às disponibilidades do devedor [art. 3.º, n.º 2, als. a), b) e c) do Dec.-Lei n.º 177/86, de 2/7].

[19] Com efeito, os créditos constituídos sobre a empresa depois de proferido o despacho de verificação do pressuposto da sua recuperação económica, e antes de decorrido o período de observação, gozariam de um privilégio mobiliário geral, se o juiz, mediante proposta do administrador judicial, com parecer favorável da comissão de credores, os declarasse contraídos no interesse simultâneo da empresa e dos cre-

2.2. O Código de processo especiais de recuperação da empresa e de falência (CPEREF)

I. O CPEREF (aprovado pelo Dec.-Lei n.º 132/93 de 23/4, art. 1.º, e alterado, de forma muito relevante, pelo Dec.-Lei n.º 315/98, de 20/10)[20] veio, poucos anos volvidos, a desenvolver este regime, articulando-o com a falência[21]. Aspeto central é que se fazia prevalecer – *rectius*, se *proclamava* a prevalência da – via da recuperação sobre a da falência (art. 1.º, n.º 2 CPEREF)[22].

II. Os traços estruturantes desse regime, na configuração que lhe foi dada pelas alterações de 1998, para o que diretamente nos interessa, eram os seguintes.

dores. Este privilégio era especialmente robusto, uma vez que os créditos que dele beneficiassem seriam graduados "antes de qualquer outro crédito" (art. 16.º, n.º 1 Dec.-Lei n.º 10/90, de 5/1).

[20] Sobre ele, ver: L. CARVALHO FERNANDES, *O Código da insolvência e da recuperação de empresas na evolução do regime da falência no direito português*, cit., pp. 57, ss.; idem, *O Código dos processos especiais de recuperação da empresa e de falência: balanço e perspectivas*, RDES, 1997, pp. 5, ss.; idem, *Sentido geral dos novos regimes de recuperação da empresa e da falência*, cit., 11, ss.; CARLOS FERREIRA DE ALMEIDA, *O âmbito de aplicação dos processos de recuperação da empresa e de falência: pressupostos objectivos e subjectivos*, RFDUL, 1995, pp. 383, ss.; A. MENEZES CORDEIRO, *Introdução ao Direito da insolvência*, cit., pp. 483, ss.; PEDRO CAEIRO, *Sobre a natureza dos crimes falenciais (o património, a falência, a sua incriminação e a reforma dela)*, BFDUC, Studia Iuridica, Universidade de Coimbra/ Coimbra Editora, Coimbra, 1996, pp. 125, ss.; CATARINA SERRA, *Alguns aspectos da revisão do regime da falência pelo DL n.º 315/98, de 20 de Outubro*, SI, 1999, pp. 183, ss.. A obra de referência nesta matéria era: Luís CARVALHO FERNANDES/JOÃO LABAREDA, *Código dos processos especiais de recuperação de empresa e de falência anotado*, 3.ª ed. (2.ª reimpressão), Quid Juris, Lisboa, 2000.

[21] O CPEREF foi visto à data como "um sinal de modernização, acompanhando as tendências dos mais evoluídos países de economia de mercado", C. FERREIRA DE ALMEIDA, *O âmbito de aplicação dos processos de recuperação da empresa e de falência: pressupostos objectivos e subjectivos*, cit., p. 385.

[22] Rezava assim o preceito: "Só deve ser declarada a falência da empresa insolvente quando ela não se mostre economicamente inviável ou se não considere possível, em face das circunstâncias a sua recuperação financeira".

Terminou a distinção entre falência e insolvência. Pressuposto comum à aplicação de quaisquer dos regimes era só a insolvência, que, no entanto, assentava materialmente na anterior noção de falência[23]-[24]. O processo aplicava-se tanto a titulares de empresa[25], como àqueles que não o fossem.

Distinguia-se o processo falencial do processo de recuperação, se o devedor fosse titular de uma empresa (art. 1.º, n.º 1 CPEREF); quando não o fosse, a segunda via não lhe estava aberta[26], podendo simplesmente recorrer à concordata (art. 27.º, arts. 240.º e segs. CPEREF). O primeiro caso é aquele que neste momento nos interessa.

Como se começou por referir, quer processo de recuperação, quer o de falência tinha uma fase processual preliminar comum que assentava na declaração de insolvência. Só subsequentemente se determinava se o processo seguia como de recuperação ou de falência (arts. 23.º, 24.º, e 25.º CPEREF). Caso se tratasse de uma empresa que se mostrasse economicamente viável e se considerasse possível, em

---

[23] Sobre ela, V. Lobo Xavier, *Falência*, cit., p. 1365.

[24] Pedro Caeiro, *Sobre a natureza dos crimes falenciais (o património, a falência, a sua incriminação e a reforma dela)*, cit., p. 133. De forma muito crítica quanto à extensão da "falência" por via da agora insolvência, aos não comerciantes (*ob. cit.*, p. 168).

[25] No CPEREF, a empresa aparecia, tanto em sentido subjetivo, como em sentido objetivo, sendo a esta que se referia o art. 2.º. Como é óbvio, sujeito passivo da declaração de insolvência era a empresa-sujeito e só ela poderia ser objeto de medidas de recuperação (já não falência, como se tem referido). A amplitude dos sujeitos passivos, que tinham que ser titulares de uma empresa em sentido objetivo, neste caso era bastante extensa e não se limitava, note-se, aos comerciantes. Assim, desenvolvidamente sobre este ponto: C. Ferreira de Almeida, *O âmbito de aplicação dos processos de recuperação da empresa e de falência: pressupostos objectivos e subjectivos*, cit., pp. 394, ss. (este Autor sustenta que o "conceito rigoroso de empresa" para efeito do CPEREF seria: "titular de direito sobre bens que, conjuntamente com outros factores de produção, se inserem em organização destinada ao exercício de uma actividade económica", p. 396; Jorge M. Coutinho de Abreu, *Providências de recuperação de empresas e falência (apontamentos de direito português)*, BFD, 1998, p. 110 ("à empresa em sentido subjectivo há-de corresponder uma empresa em sentido objectivo.", p. 110).

[26] O mesmo sucedia com o devedor titular de empresa se ela estivesse inativa à data da instauração do processo (art. 27.º, n.º 1 CPEREF).

"face das circunstâncias", a sua recuperação financeira (art. 1.º, ns. 1 e 2 CPEREF), deveria seguir-se a via da recuperação: caso contrário, seguir-se-ia o processo de falência.

Uma empresa poderia ser considerada "economicamente viável quando, atendendo à sua estrutura produtiva (...) e à estrutura do mercado em que se insere (...), [tivesse] condições para "viver" autonomamente, para gerar lucros ou, ao menos, cobrir os custos de produção com as receitas correspondentes. E [seria] financeiramente recuperável quando, atendendo à previsível evolução do binómio despesas--receitas (...) se considera possível que a empresa atinja o equilíbrio financeiro, de modo a poder cumprir obrigações atuais e futuras".[27] Ambos são juízos tanto prospetivos, como de probabilidade[28].

As providências de recuperação da empresa previstas neste diploma (art. 4.º CPEREF) eram a concordata, reconstituição empresarial, reestruturação financeira e gestão controlada. Novidade face ao regime anterior era só a restruturação financeira (arts. 87.º e segs. CPEREF) que se juntou aos instrumentos já existentes. Na interpretação dominante estávamos perante um *numerus clausus* de medidas[29], não sendo admitidas outras para além daquelas previstas. Podiam, no entanto, como resultava logo do art. 1.º n.º 1 CPEREF, ser aplicada à empresa mais do que uma medida de recuperação.

III. Da análise do regime decorria que quem avaliava da viabilidade económica da empresa eram os seus credores. Com efeito, se ainda antes de ser proferido o despacho sobre a verificação dos pressupostos legais do processo de recuperação fosse deduzida oposição ao pros-

---

[27] J. M. Coutinho de Abreu, *Providências de recuperação de empresas e falência (apontamentos de direito português)*, cit., p. 114.

[28] Assim, C. Ferreira de Almeida, *O âmbito de aplicação dos processos de recuperação da empresa e de falência: pressupostos objectivos e subjectivos*, cit., p. 393.

[29] Embora os tipos fossem em regra bastante maleáveis. Desenvolvidamente sobre este aspeto, ver L. Carvalho Fernandes, *O código dos processos especiais de recuperação da empresa e de falência: balanço e perspectivas*, cit., p. 9.

seguimento da ação por credores que representassem 51%[30] do valor dos créditos conhecidos e eles alegassem a inviabilidade económica da empresa, o juiz deveria, depois de ouvido o representante legal da empresa[31], decretar a falência (art. 23.º n.º 1 CPEREF).

Mas mesmo que a oposição fosse deduzida por credores que representassem só 30% dos créditos conhecidos, alegando e justificando a inviabilidade económica da empresa, o juiz podia mandar prosseguir a ação como de falência se se entendesse não haver "nenhuma probabilidade séria" da sua recuperação (art. 25.º, n.º 4 CPEREF)[32].

Por isso, era muito claro (na linha aliás, do diploma anterior, embora aqui, mesmo de forma mais facilitada) que só se poderia recorrer ao processo de recuperação se os credores assim o entendessem[33].

IV. Temo-nos vindo a referir à insolvência como pressuposto da declaração de falência no âmbito do CPEREF, ou, dentro do condicionalismo apontado, de uma providência de recuperação. Contudo, convém acrescentar que, da revisão do CPEREF pelo Dec.-Lei n.º 315/98, de 20/10, resultou, entre outras alterações, a introdução de um novo pressuposto do regime da recuperação da empresa: a situa-

---

[30] Trata-se de uma alteração decorrente do Dec.-Lei n.º 315/98, de 20/10, uma vez que na versão inicial da norma se exigia a oposição de credores que representassem, pelo menos, 75% do valor dos créditos conhecidos e alegassem a inviabilidade económica da empresa. Pelo que, depois desta reforma do CPEREF, o destino do processo ficou, mais do que nunca, nas mãos dos credores.

[31] Tinha ainda que reconhecer a existência de qualquer dos factos previstos no art. 8.º n.º 1, nos quais se incluía a falta de cumprimento de uma ou mais obrigações que, pelo seu montante ou pelas circunstâncias do incumprimento, revelasse a impossibilidade de o devedor satisfazer pontualmente as suas obrigações [art. 8.º, n.º 1, al. a) CPEREF]

[32] Não sendo feita prova dos pressupostos, na falta de oposição de credores, o juiz deveria mandar arquivar o processo (art. 25.º n.º 2 CPEREF). Cfr. L. CARVALHO FERNANDES/J. LABAREDA, *Código dos processos especiais de recuperação de empresa e de falência anotado*, cit., p. 121, ss..

[33] Este aspeto era já sublinhado, corretamente, por PEDRO CAEIRO, *Sobre a natureza dos crimes falenciais (o património, a falência, a sua incriminação e a reforma dela)*, cit., p. 131.

ção económica difícil (da empresa) – art. 1.º, n.º 1 e art. 5.º CPEREF. A empresa estava numa situação económica difícil quando, "não devendo considerar-se em situação de insolvência, indiciasse dificuldades económicas e financeiras, designadamente de incumprimento das suas obrigações" (art. 3.º, n.º 2 CPEREF)[34].

Ampliaram-se desta forma, significativamente, as perspetivas de recuperação da empresa economicamente viável e financeiramente recuperável, uma vez que, não estando ainda insolvente, a probabilidade de conseguir sobreviver de forma autónoma ao decurso do processo é maior, assim como maior é a possibilidade de ser aprovada a medida de recuperação.

V. Dois curtos apontamentos relativos a dois aspetos que serão, mais à frente, objeto de análise.

O CPEREF, numa das medidas consideradas pelo próprio legislador no preâmbulo mais relevante[35] (e, na verdade, era-o), determinava à cessação dos privilégios dos créditos do Estado, autarquias e segurança social com a declaração da falência (art. 152.º CPEREF). Exceção eram meramente aqueles que se constituíssem no decurso do processo de recuperação ou de falência[36]. Esses créditos passavam a créditos comuns.

Em segundo lugar, observe-se que o CPEREF continha no âmbito da recuperação medidas de tutela do devedor, no âmbito das execuções contra o devedor[37], e a proteção de financiamento (créditos constituídos "em capital e respectivos juros") concedidos depois de profe-

---

[34] Ver sobre este novo pressuposto dos referidos regimes: L. CARVALHO FERNANDES/J. LABAREDA, *Código dos processos especiais de recuperação de empresa e de falência anotado*, cit., pp. 56-58, pp. 70-71; CATARINA SERRA, *Alguns aspectos da revisão do regime da falência pelo DL n.º 315/98, de 20 de Outubro*, cit., pp. 187, ss..

[35] Considerada "verdadeiramente revolucionária", na expressão utilizada pelo próprio legislador no preâmbulo (n.º 6, *in fine*) do Dec.-lei n.º 132/93, de 23/4.

[36] Esta limitação foi introduzida pelo Dec.-Lei n.º 315/98, de 20/10.

[37] Logo que fosse proferido o despacho de prosseguimento da ação de recuperação da empresa, ficavam "imediatamente suspensas todas as execuções contra o devedor, e todas as diligências de acções executivas" que atingissem o seu património,

rido o despacho de prosseguimento da ação e antes de findo o período de observação (art. 65.º CPEREF)[38], evidentemente necessários para que a empresa possa manter a sua atividade, bem como os concedidos no âmbito da gestão controlada [art. 101.º, n.º 1, al. b) CPEREF].[39]

IV. Cabe ainda referir que em 1998 foi instituído o processo de conciliação (Dec.-Lei 316/98, de 20/10), destinado a obter a celebração de acordo entre a empresa e todos ou alguns dos credores que viabilizasse a recuperação da empresa em situação de insolvência ou em situação económica difícil, no qual o papel de condução de diligências extrajudiciais cabia ao IAMPMEI. Foi o antecessor do Sireve.

3. O Código da Insolvência e da recuperação de empresas (CIRE)

3.1. Traços gerais

I. Em 2004, poucos anos volvidos sob a última revisão – extensa – do CPEREF, e depois de um atribulado um processo legislativo, foi publicado o Código da Insolvência e da recuperação de empresas (CIRE).[40]

---

incluindo "as que tivessem "por fim a cobrança dos créditos com privilégio ou com preferência" (art. 29.º, n.º 1 CPEREF).

[38] Para o efeito, o juiz, mediante uma proposta do gestor judicial com parecer favorável da comissão de credores, deveria declará-los "contraídos no interesse simultâneo da empresa e dos credores" (art. 65.º n.º 1 CPEREF). Tratava-se de créditos que gozavam de um privilégio mobiliário geral graduado antes de qualquer outro crédito, salvo os decorrentes do art. 34.º n.º 5 CPEREF (ver nota seguinte). Desenvolvidamente sobre este regime, ver L. CARVALHO FERNANDES/J. LABAREDA, *Código dos processos especiais de recuperação de empresa e de falência anotado*, cit., pp. 207, ss..

[39] Outra coisa eram os aditamentos de fundos que os credores fossem obrigados a realizar, para a remuneração e o reembolso das despesas do gestor judicial, caso a empresa não o pudesse fazer que gozavam de especial tutela (art. 34.º, ns. 4 e 5 CPEREF).

[40] Aprovado pelo Dec.-Lei n.º 53/2004, de 18/3.

Trata-se de um Código elaborado de raiz, profundamente inspirado pela estrutura e regime da *Insolvenzordnung* alemã (e, em alguns aspetos de disciplina, também, pela *ley concursal* espanhola), que constituiu um corte muito profundo com o regime vigente.

Toda a evolução anterior, que acabámos de traçar, foi colocada de lado. O destino da empresa[41], eventualmente incluída na massa insolvente, está, como se diz no preâmbulo do diploma que aprovou o Código (Dec.-Lei n.º 53/2004, de 18/3), nas mãos dos credores, os seus "proprietários económicos". São eles que escolhem a via mais adequada para a satisfação dos seus créditos, que pode passar pela liquidação, pela recuperação do insolvente, ou da própria empresa integrada na massa. Nestes dois últimos casos[42] através da adoção de um plano de insolvência. A via de recuperação da empresa, mesmo que só formalmente, deixou de prevalecer.[43]

Aparentemente, na última revisão do CIRE[44] pretendeu-se alterar o rumo, passando de novo a prevalecer a via da recuperação da empresa no seio de um plano de insolvência (denominado plano de recuperação[45]) sobre a via liquidativa, como decorre da nova redação seu do art. 1.º[46]. Porém, esta norma não foi acompanhada por alte-

---

[41] Sujeitos passivos da declaração da insolvência não são só os titulares de empresa. Mas é essencialmente sobre esses que recairá a nossa análise.

[42] Embora a própria liquidação possa ser regulada num plano de insolvência. Quando não o for, o que é a regra, segue-se liquidação prevista, *a título supletivo*, no Código.

[43] Sobre a razão de ser do novo regime, ver Miguel Pestana de Vasconcelos, *O novo regime insolvencial da compra e venda*, RFDUP, 2006, pp. 521, ss..

[44] Pelo Dec.-Lei n.º 16/2012, de 20/4.

[45] Art. 192.º, n.º 3 CIRE: "O plano que se destine a prover à recuperação do devedor designa-se plano de recuperação, devendo tal menção constar em todos os documentos e publicações respeitantes ao mesmo."

[46] É a seguinte a atual redação da norma: "O processo de insolvência é um processo de execução universal que tem como finalidade a satisfação dos credores pela forma prevista num plano de insolvência, baseado, nomeadamente, na recuperação da empresa compreendida na massa insolvente, *ou, quando tal não se afigure possível*, na liquidação do património do devedor insolvente e a repartição do produto obtido pelos credores." (itálico nosso).

rações de regime que a consagrassem, pelo que, na verdade, não se verificou qualquer mudança de fundo. Não cabe aqui, evidentemente, traçar o regime do CIRE. Iremos somente fazer a análise incidir sobre os instrumentos aí previstos para a recuperação do devedor e/ou da empresa incluída na massa.

II. Condição necessária para a recuperação[47] é ser aprovado (que venha posteriormente a ser homologado) um plano de insolvência, contendo um conjunto de medidas com essa finalidade.

O Código não prevê um momento específico para se optar entre este caminho e o da liquidação da massa. Com efeito, não há sequer uma altura definida para que seja apresentada uma proposta de um plano de insolvência que passe pela recuperação do insolvente (uma vez que este pode ter outras finalidades[48], nomeadamente, regular de forma diversa a liquidação)[49]. Apesar disso, parece muito difícil que ele venha a ter sucesso se proposto depois de ter transitado em julgado a sentença de declaração de insolvência e de se ter realizado a assembleia de apreciação do relatório.

Na realidade, decorrida aquela e transitada em julgado a sentença declaratória de insolvência, o administrador tem que proceder

---

[47] Sobre este, ver EDUARDO SANTOS JÚNIOR, *O plano de insolvência: algumas notas,* in: Estudos em Memória do Professor Doutor José Dias Marques (coordenação dos Professores Doutores Ruy de Albuquerque e António Menezes Cordeiro), Almedina, Coimbra, 2007, pp. 121, ss..

[48] Sobre as diversas providências que o plano de insolvência pode conter, relativas, quer à recuperação da empresa compreendida na massa, quer do próprio sujeito insolvente, ver J. M. COUTINHO DE ABREU, *Curso de direito comercial,* vol. I, 9.ª ed., Almedina, Coimbra, 2013, pp. 332, ss..

[49] Além do que a simples apresentação de proposta não significa, mesmo que acompanhada pela suspensão da liquidação, nos termos referidos em texto, que ela venha a ser aprovada ou homologada, casos em que se passará a executar a liquidação.

com "prontidão" à venda dos bens da massa (art. 158.º, n.º 1 CIRE), incluindo a própria empresa[50] (art. 162.º CIRE).[51]-[52]

O momento chave da escolha será, na grande generalidade dos casos, esse[53].

IV. Se se optar por uma das vias de recuperação, decorre um longo período de tempo entre a sentença declaratória da insolvência e a homologação do plano. Com efeito, a assembleia com vista à discussão e votação daquele só se pode reunir depois de se realizar (entre 45 e 60 dias a seguir à declaração de insolvência) a assembleia de apreciação do relatório [art. 36.º, n.º 1, al. n), e n.º 2 CIRE][54], de transitar em julgado a sentença de declaração de insolvência e de decorrido o prazo para a impugnação da lista de credores reconhecidos (art. 209.º, n.º 2 CIRE). Aprovado o plano, ele tem ainda de ser homologado (art. 214.º e art. 217.º CIRE). Como se verá de seguida, é muito difícil manter a

---

[50] É na assembleia de apreciação do relatório que se delibera sobre a continuação ou o encerramento dos estabelecimento ou estabelecimentos integrados na massa (art. 156.º n.º 2 CIRE). O administrador da insolvência só o pode fazer antes desse momento nos termos do art. 157.º CIRE.

[51] Sobre a questão, ver: E. SANTOS JÚNIOR, *O plano de insolvência: algumas notas,* cit., pp. 131-132.

[52] Acresce que o plano terá ainda que ser admitido pelo juiz, que o deve recusar sempre que a sua aprovação pela assembleia de credores for "manifestamente inverosímil" [art. 207.º, n.º 1, al. c) CIRE]. Como o será nos casos referidos em texto.

[53] Estamos a centrar-nos em texto na recuperação do devedor. A recuperação da empresa pode passar simplesmente pela via liquidativa, uma vez que a empresa incluída na massa deve, em princípio, nos termos do art. 162.º CIRE, ser alienada como um todo. O que constitui uma forma de, desligando-a do seu titular insolvente, permitir que subsista.

[54] "O disposto na parte final da alínea n) do número anterior [a faculdade de o juiz precindir da realização da assembleia de apreciação do relatório] não se aplica nos casos em que for requerida a exoneração do passivo restante pelo devedor no momento da apresentação à insolvência, em que for previsível a apresentação de um plano de insolvência ou em que se determine que a administração da insolvência seja efetuada pelo devedor." (art. 36.º, n.º 2 CIRE).

3.2. O caráter inapropriado do processo para a recuperação do devedor

I. No sistema decorrente do CIRE (tal como no da *InsO*) é muito difícil alcançar a recuperação, quer do devedor, quer da empresa[55], como os resultados o tem, aliás – cá, como na Alemanha –, demonstrado.[56] O modelo da *Insolvenzordnung* ao impor que a escolha entre as diversas vias pelos credores se faça depois de a insolvência ser declarada é inapto para a recuperação.

Tal decorre, quer dos efeitos da declaração de insolvência em si, quer de factos decorrentes da realidade económico-empresarial que, sobretudo nesta área, não se podem ignorar. Passamos a analisar separadamente cada um deles.

II. A sentença declaratória da insolvência desencadeia um conjunto de efeitos, ligados classicamente à declaração de falência, ou seja, à via liquidativa, relativos tanto aos créditos como aos negócios em curso[57]

---

[55] Com efeito, como se observou, a recuperação pode incidir, ou sobre a empresa, entendida em sentido objetivo, ou sobre o devedor seu titular. Cfr. art. 1.º, art. 192,º n.º 3, art. 195.º, n.º 2, al. b) CIRE. Ver J. Coutinho de Abreu, *Curso de direito comercial*, vol. I, cit.,, pp. 323-324, e nota 799.

[56] Cfr. Karsten Schmidt, *La reforma del Derecho concursal italiano e y el Derecho concursal alemán (un apunte de Derecho comparado desde una perspectiva alemana)*, ADCo, 2007, p. 301.

Em Espanha, igualmente, são escassos os processos concursais que se concluem com a aprovação de um convénio. Cfr. Juana Pulgar Ezquerra, *La financiación de empresas en crisis*, in: Universidad Complutense, Documentos de trabajo del departamento de derecho mercantil, 2012/48, marzo de 2012 (http://eprints.ucm.es/14638), p. 4.

[57] Para a distinção entre créditos sobre a insolvência e negócios em curso, ver M. Pestana de Vasconcelos, *O novo regime insolvencial da compra e venda*, cit., pp. 535, ss..

que, de imediato, tornam mais precária a situação jurídico-patrimonial do devedor e dificultam – e, em certos casos mesmo, impossibilitam – a sua recuperação e/ou da empresa. Mesmo quando, antes desse facto, fossem viáveis.

Vejamos este aspeto com mais detalhe.

III. Declarada a insolvência, vencem-se de imediato as obrigações do devedor não subordinadas a uma condição suspensiva (art. 91.º n.º 1 CIRE), calculando-se o seu valor (art. 91.º n.º 2 CIRE). A solução compreende-se, como é óbvio, para o pagamento dos credores na liquidação. Contudo, ela implica, logo, uma sobrecarga financeira sobre o devedor (basta ver o caso das prestações fracionadas com diversas datas de vencimento – art. 91.º n.º 3 CIRE), se se pretender que ele ou a empresa incluída na massa venham a ser recuperados.

IV. Temos, depois, os regimes dos contratos em curso. Eles decorrem dos arts. 102.º e segs. Em regra (art. 102.º, n.º 1 CIRE), mas nem sempre, estes negócios suspendem-se, cabendo ao administrador escolher entre o cumprimento e a sua recusa.

Porém, para manter a empresa em funcionamento, o administrador terá que optar pelo cumprimento de um conjunto de contratos, como sucede, p. ex., com a locação financeira, a venda com reserva de propriedade (art. 104.º ns. 3, 4 e 5 e art. 102.º CIRE), as vendas em que não tenha sido ainda entregue a coisa pela contraparte do insolvente (art. 102.º CIRE)[58] e, mais em geral, os diversos contratos de fornecimento de bens (art. 102.º CIRE) ou de prestação duradoura de serviços (que também podem ser denunciados pela outra parte – art. 111.º, n.º 1, e 108.º, n.º 1 CIRE).

---

[58] Sobre este regime, complexo, que depende do tipo de bens e da transferência, ou não do direito real sobre eles, assim como o da venda com reserva de propriedade e da locação financeira no caso da insolvência do comprador ou do locatário financeiro, ver M. Pestana de Vasconcelos, *O novo regime insolvencial da compra e venda*, cit., pp. 535, ss., pp. 552, ss.. Para onde remetemos para uma análise completa.

Se optar pela execução do contrato – como se disse, condição necessária para manter a empresa em funcionamento –, o administrador transforma essas dívidas em dívidas da massa [art. 51.º, n.º 1, al. f) CIRE]. Todavia, só o pode fazer se a massa tiver meios para as satisfazer, sob pena de essa escolha ser abusiva (art. 102.º n.º 4 CIRE) e fazer o administrador incorrer em responsabilidade (art. 59.º n.º 2 CIRE).

Temos depois os contratos de trabalho. Eles não cessam com a declaração de insolvência (art. 347.º CT)[59], mas as obrigações daí emergentes depois desse facto são dívidas da massa [art. 51.º, n.º 1, al. e) CIRE][60], a serem satisfeitas na data dos seus vencimentos (art. 172.º ns. 1 e 3 CIRE). Se esta não tiver meios para esse efeito, terá que ser encerrado o estabelecimento, cessando os contratos de trabalho (art. 347.º n.º 3, art. 360.º CT).

Ora, muitas vezes, tendo em conta a situação financeira do devedor, a massa não dispõe desses meios e é extremamente difícil obter um financiamento intermédio.

V. As dívidas fiscais decorrentes de factos geradores que se verifiquem depois da declaração da insolvência são igualmente dívidas da massa [por decorrerem de atos de administração, liquidação e partilha

---

[59] O regime dos contratos de trabalho na insolvência do empregador é discutido na doutrina. Ela divide-se entre aqueles que sustentam a aplicação do art. 111.º CIRE (Pedro Romano Martinez, *Da cessação do contrato de trabalho*, 2.ª ed., Almedina, Coimbra, 2006, pp. 421-422), do regime decorrente do Código do Trabalho (CT), por força do art. 277.º CIRE (L. Carvalho Fernandes, *Efeitos da declaração e insolvência no contrato de trabalho segundo o código da insolvência e da recuperação de empresa*, cit., pp. 228, ss.) ou diretamente (L. Menezes Leitão, *Direito da insolvência*, cit., p. 187). Em qualquer caso, o administrador pode fazê-los cessar, embora de forma diversa. Cremos, de todo o modo, que a posição correta é esta última.

[60] Cfr. L. Carvalho Fernandes, *Efeitos da declaração e insolvência no contrato de trabalho segundo o código da insolvência e da recuperação de empresa*, in: Colectânea de estudos sobre a insolvência, Quid Juris, Lisboa, 2009, p. 240; L. Menezes Leitão, *A natureza dos créditos laborais resultantes de decisão do administrador de insolvência – Ac. do TRC de 14.7.2010, Proc. 562/09*, CDP, 2011, pp. 63, ss..

da massa, art. 51.º, n.º 1, al. c) CIRE[61]], portanto a satisfazer nos termos do art. 172.º CIRE. Pelo que esta necessita de ter bens para tal.

Note-se que se o estabelecimento não for encerrado na assembleia de apreciação do relatório (art. 156.º n.º 2 CIRE), o administrador passa a responder pelo cumprimento das obrigações fiscais (art. 65.º n.º 4 CIRE), enquanto a administração durar. Nos termos do art. 65.º n.º 5 CIRE recaem mesmo sobre o administrador as eventuais responsabilidades fiscais que se possam constituir entre a declaração de insolvência e a referida deliberação.

VI. Do exposto decorre que o administrador, muitas vezes, não poderá simplesmente optar pela execução dos contratos necessários à manutenção da empresa incluída na massa em funcionamento nesse período de tempo, que, como se viu, pode ser relativamente longo, sendo difícil que se consiga obter financiamento nesse espaço temporal.

Juntando a este aspeto a responsabilidade em que potencialmente incorre, em particular a tributária, parece claro que a cessação de atividade dos estabelecimentos incluídos na massa será na generalidade dos casos o destino mais comum.

O administrador pode mesmo proceder ao seu encerramento antecipado [antes da assembleia de apreciação do relatório, quando ela tiver lugar – art. 36.º, n.º 1, al. n) e ns. 3 e 4 CIRE], nos termos do art. 157.º CIRE. Mais: atuando como um gestor criterioso e ordenado (art. 59.º, n.º 1 CIRE) deverá mesmo propô-lo, caso a manutenção em funcionamento dos estabelecimentos prejudicar os credores da insolvência, ou seja, se não houver perspetiva da sua recuperação ou se ela não propiciar aos credores um valor superior ao da venda dos seus elementos.[62]

---

[61] Assim, Rui Duarte Morais, *Os credores tributários no processo de insolvência*, DJ, 2005, pp. 217-218.
[62] Neste sentido, L. Carvalho Fernandes/J. Labareda, *Código da insolvência e da recuperação de empresas, anotado*, 3.ª ed., Quid Juris, Lisboa, 2015, p. 590.

Na verdade, conforme se acabou de destacar, como a manutenção da empresa implica a contração de um conjunto de obrigações da massa e estas prevalecem sobre as da insolvência, muitas vezes o interesse dos credores será o do seu encerramento imediato. Reforce-se que o critério da atuação do administrador não é a salvação da empresa, mas a satisfação do interesse dos credores[63].

V. Em segundo lugar, mau grado as boas intenções da lei, a realidade económica acaba – sempre – por se impor. Uma vez declarada a insolvência é muito difícil manter a empresa em funcionamento, em especial se se tiver em conta a realidade empresarial composta por pequenas e médias empresas. Quanto maior for o período entre este facto e a homologação de um plano, mais valor[64] a empresa perde, mais complexa se torna a recuperação e o Direito não pode, de forma alguma, esquecer a realidade a regular.

A declaração de insolvência significa o corte do crédito dos fornecedores ao devedor, pelo que os pagamentos se passam a ter de fazer a pronto. Como cessa igualmente o crédito bancário, de que as empresas estão em regra bastante dependentes, mesmo para ajustar fluxos de tesouraria, a sua atividade terá que gerar os meios para tal, o que é muito pouco provável

Por outro lado, há um afastamento tanto dos clientes, que procurarão novos fornecedores, como dos fornecedores de bens e serviços. Um sujeito que seja declarado insolvente é, na generalidade dos casos, excluído do tráfego mercantil. Os prejuízos reputacionais da declaração de insolvência são enormes.

Além disso há que contar com a desmotivação na equipa de trabalhadores, dado o risco de insolvência, e desemprego, ao "virar da esquina".[65]

---

[63] Como bem sublinham L. CARVALHO FERNANDES/J. LABAREDA, *Código da insolvência e da recuperação de empresas, anotado*, cit., pp. 343-344.

[64] Em termos económicos.

[65] ESTEBEN VAN HEMMEN, *La duración del concurso: una interpretación económica*, ADCo, 2009, pp. 251-252.

Acresce que, em regra, se entrega a gestão da empresa a administradores que não a conhecem, quando ela já se encontra nessa situação de insolvência[66]. O que, salvo casos de clara má gestão, piorará a situação do devedor.

Pelo que este espaço de tempo e as suas consequências sobre o sujeito obstaculizam, decisivamente, a recuperação de um devedor que noutras circunstâncias poderia ter sido alcançada[67].[68]

VI. Daqui resulta que, neste enquadramento, reforce-se, é extremamente difícil conseguir-se uma recuperação do devedor insolvente e da sua empresa. E, por isso, quase todos os sistemas têm vindo a ser reformados para se obterem soluções que o permitam alcançar de forma, pelo menos, mais eficiente e, se possível, numa fase prévia à insolvência. Daí a alteração da lei alemã pela ESUG[69]. Por isso, igualmente, e mais relevante para o que agora nos importa, as profundas alterações que foram introduzidas nas leis italianas e espanhola, criando-se mecanismos de saneamento pré-concursais.

Este aspeto será desenvolvido já de seguida.

Resulta assim claro que havia uma lacuna no sistema insolvencial português: a existência de eficazes meios pré-insolvenciais que per-

---

[66] Sublinhado este aspeto, RUI PINTO DUARTE, *Reflexões de política legislativa sobre a recuperação de empresas*, in: II Congresso de direito da insolvência (coord. Catarina Serra), Almedina, Coimbra, 2014 p. 353.

[67] O próprio modelo da lei portuguesa, a InsO., e o plano de recuperação (o *Insolvenzplan*) foram qualificados pela voz de KARSTEN SCHMIDT [*La reforma del Derecho concursal italiano e y el Derecho concursal alemán (un apunte de Derecho comparado desde una perspectiva alemana)*, cit., p. 301] como uma "desilusão". E acrescenta "o número de saneamentos efetivamente conseguidos no quadro do plano de insolvência é "reduzido.". Esse aspeto tem a ver com as "dificuldades do próprio procedimento" (*ob cit., ibidem*). Note-se que o texto remonta já a 2007 (data da publicação).

[68] Vaja-se a este propósito o expressivo quadro descrito por PEDRO PAIS DE VASCONCELOS *Responsabilidade civil do administrador da insolvência*, in: II Congresso de direito da insolvência (coord. Catarina Serra), Almedina, Coimbra, 2014, p. 194.

[69] *Gesetz zur Erleichterung der Sanierung von Unternehmen* (ESUG). Tradução livre: lei que visa facilitar o saneamento de empresas.

mitissem promover a recuperação do devedor – *maxime* do devedor titular de empresa – na altura em que ela tem mais possibilidades de sucesso: quando o devedor esteja ainda em situação económica difícil ou em insolvência iminente.

O PER resultou dessa necessidade e, em articulação com o Sistema de recuperação de recuperação de empresas por via extrajudicial (Sireve), ambos decorrentes das alterações legislativas de 2012 (impostas pelo Memorando de entendimento celebrado entre o governo português, a Comissão Europeia, o BCE, e o FMI) e visou preencher essa lacuna.

O conjunto muito amplo de decisões judiciais[70] relativos a esta figura revela, claramente, a importância prática que já assume.

VI. Uma pequena nota sobre o Sireve[71]. Trata-se de um mecanismo extrajudicial criado em 2012 (Dec.-Lei n.º 178/2012, de 3/8), e objeto de profundas alterações em 2015[72], que funciona junto do IAPMEI. Tem um caráter inovador muito limitado, porque assenta no regime do procedimento de conciliação instituído pelo Dec.-Lei n.º 316/98, de 20/10, alterado pelo Dec.-Lei n.º 201/2004, de 18/8, instrumento esse com bastante pouco sucesso[73].

O seu regime não será abordado a título principal nesta sede. Contudo, dado o claro paralelismo entre os dois regimes, parece-nos adequado, e mesmo necessário, à medida que se expõe a disciplina do PER, referir igualmente os aspetos em que se distancia do Sireve. Tanto mais que, sem que encontremos fundamento para tal, verifica-se um diferente tratamento de questões idênticas no regime

---

[70] Algumas das quais irão sendo referidas ao longo do texto.

[71] Sobre ele, ver João LABAREDA, *Sobre o sistema de recuperação de empresas por via extrajudicial (Sireve) – apontamentos*, in: I Congresso da insolvência (coord. Catarina Serra), Almedina, Coimbra, 2013, pp. 63, ss.; João AVEIRO PEREIRA, *A revitalização económica dos devedores*, Dir., 2013, pp. 15, ss..

[72] Pelo Dec.-Lei n.º 26/2015, de 6/2, que o republica o Dec.-Lei n.º 178/2012, de 3/8.

[73] Cfr. ver J. LABAREDA, *Sobre o sistema de recuperação de empresas por via extrajudicial (Sireve) – apontamentos*, cit., p. 68.

de ambas as figuras. Ainda nesse quadro far-se-á uma referência à articulação entre um e outro processo.

4. O direito comparado. Apontamento

I. No âmbito dos ordenamentos mais próximos, ou seja, o alemão, o italiano e o espanhol (assim como o, não tão próximo, francês), tem-se optado pela criação de novos instrumentos de caráter pré-insolvencial[74], para facilitar a recuperação do devedor.

Recorrendo embora a estruturas diversas, podemos destacar, de forma bastante genérica, como aspetos em comum, a criação de um período protegido para permitir ao devedor alcançar com os credores um acordo que permita a recuperação. Nesse espaço temporal estabelecem-se "escudos protetores" da execução, insolvência e de tutela do financiamento e suas garantias. Eles têm como efeito: suspender, e obstar à interposição, de ações executivas contra o devedor; obstar à instauração, e, eventualmente, suspensão, dos processos em que tenha sido requerida de declaração de insolvência deste; e permitir a concessão protegida de financiamento e prestação de garantias.

É o que está subjacente à proposta de *concordato preventivo* com base num plano (art. 160.º e segs. *legge fallimentare*) e aos *accordi di ristrutturazine dei debiti*, (art. 182.º-*bis* da *legge fallimentare*)[75]-[76] do direito

---

[74] Nalguns casos mesmo insolvenciais, como sucede com a concordata preventiva italiana ou com os acordos de refinanciamento espanhóis.

[75] Trata-se de figuras que pretendem a recuperação do devedor, com características diversas.

A proposta de concordata preventiva é um verdadeiro processo falimentar, assente na proposta de um empresário apoiada num plano de viabilidade, que poderá gerar um acordo, a ser homologado pelo tribunal e, em certos termos, vinculante mesmo para quem vote contra.

O acordo de restruturação consiste num contrato celebrado entre o devedor e credores que representem pelo menos 60% dos créditos que é, depois, por vontade das partes submetido à homologação do tribunal. Ele não produz, mesmo homologado, efeitos para terceiros que a ele não tenham aderido. Ver: ALBERTO MAFFEI

italiano,[77] as figuras da *ley concursal* espanhola[78], e na Alemanha a criação com a ESUG, de 2012, do *Schutzschirmverfahren* inserido na *Insolvenzordnung* (§ 270b).[79]-[80] Como pano de fundo está o *Chapter 11* do *Bankrupctcy Code* dos EUA.[81]

ALBERTI/GIANLUCA GUERRIERI, *Il concordato preventivo. Gli accordi di ristrutturazione dei debiti*, in: *Procedure concursale*, in: AAVV, *Diritto commerciale*, 6.ª ed., Monduzzi editoriale, Parma, 2010, pp. 576, ss.; GIAN FRANCO CAMPOBASSO, *Diritto commerciale 3. Contratti, titoli di credito, procedure concursali*, 5.ª ed., a cura de MARIO CAMPOBASSO, Utet, Turim, 2014, pp. 423, ss..

Ambas podem beneficiar dos "escudos protetores": art. 168.º, 1.º parágrafo, da *legge fallimentare* (para a proposta de *concordato preventivo*), art. 182.º-bis, 3 parágrafo (para os *accordi di ristrutturazione dei debiti*) da *legge fallimentare*, o art. 67.º, 3.º parágrafo da *legge fallimentare*, bem como o art. 182.º-quater e o art. 182.º-quinques da *legge fallimentare*. Respetivamente: tutela face às ações executivas, à revogatória falimentar e do financiamento.

[76] Com a inovação recente que permite a apresentação de uma proposta de concordata "em branco" (art. 161.º, parágrafo 6, da *legge fallimentare*). Consiste, na essência, na apresentação pelo devedor de uma proposta genérica de concordata preventiva, reservando-se a entrega para data posterior da proposta definitiva, do plano de saneamento e a documentação solicitada, num prazo a fixar pelo tribunal ente 60 e 120 dias, beneficiando de proteção, nesse período de tempo, das ações executivas dos credores. Ver, com detalhe, sobre esta figura, CONCETTO COSTA, *La solicitud antecipada de concordato preventivo y problemas conexos*, RDCPC, 2013, pp. 345, ss.; G. F. CAMPOBASSO, *Diritto commerciale 3. Contratti, titoli di credito, procedure concursali*, 5.ª ed., a cura de MARIO CAMPOBASSO, cit., pp. 427-428.

[77] A evolução do Direito italiano é bastante complexa, desenvolvendo-se, desde 2005, em diversas fases, com enorme intensidade, podendo falar-se desde essa data já em cinco etapas. Ver STEFANIA PACCHI, *La quinta etapa de la reforma concursal italiana* (tradução de Martinez Rosado), RDCPC, 2013, pp. 375, ss..

[78] Muito desenvolvidamente para a profunda análise destas figuras e sua evolução, ver JUANA PULGAR EZQUERRA, *Preconcursualidad y acuerdos de refinanciación. Adaptado a la Ley 38/2011, de 10 de octobre, de reforma de la ley concursal*, La Ley, Madrid, 2012. Trata-se da obra de referência nesta matéria.

[79] Aplica-se a devedores em situação de insolvência iminente ou sobreendividamento, tendo um prazo máximo de 3 meses. Os seus elementos centrais são a permissão concedida ao devedor de constituir dívidas da massa, e, por outro lado, impedir a instauração de ações executivas contra ele, suspendendo também as já instauradas [§ 270b (2) e (3), § 21 (2) 3 *InsO*]. Em ambos os casos, a requerimento do

II. O PER insere-se nessa corrente e filia-se, em particular, na via dos processo pré-insolvenciais do direitos italiano e espanhol. Não cremos mesmo que se possam entender corretamente diversas das suas disposições sem se realizar uma análise de direito comparado, o que se procurará, na medida do estritamente necessário, dado o objeto deste trabalho, fazer.

---

devedor. Sobre este, cujos pontos de regime serão analisados com mais detalhe ao longo do texto, ver: REINHARD WILLEMSEN/JANINE RECHEL, *Kommentar zu ESUG. Die Änderung der InsO*, Deutscher Fachverlag GmbH, Francforte no Meno, 2012, pp. 289, ss; MICHAEL MERTEN, *Die neue Insolvenzrechtsreform 2012 (ESUG)*, HDS Verlag, Weil im Schönbuch, 2012, pp. 143, ss.; HARALD HESS, *Sanierungshandbuch* (com a contribuição de FRIEDERIKE HESS, PAUL GROβ, DIETMAR REEH), 6.ª ed., Luchterhand, Colónia, 2013, pp. 871, ss.; ROBERT BUCHALIK, in: HANS HAARMEYER/ WOLFGANG WUTZKE/KARSTEN FÖRSTER, *InsO – Insolvenzordnung, Kommentar*, 2.ª ed., ZAP Verlag, 2012, Colónia, § 270b, *Vorbereitung einer Sanierung*, pp. 1868, ss..

[80] "Mit dem § 270b InsO wird dem Schuldner im Zeitraum zwischen Eröffnungantrag und Verfahrenseröffnung ein eigenständiges Sanierungsverfahren zu Verfügung gestellt" – R. BUCHALIK, *ob. cit.*, § 270b, p. 1871.

[81] Esta evolução traça-se também no plano do direito da União Europeia. Sublinhado apenas os mais recentes.

Elemento nuclear é a Recomendação da Comissão de 12.3.2014 sobre uma nova abordagem em matéria de falência e de insolvência das empresas (C(2014) 1500 final). Pretende-se incentivar os Estados-Membros a "criarem um quadro que permita uma reestruturação eficaz das empresas viáveis em situação financeira difícil e que dê uma segunda oportunidade aos empresários honestos, por forma a promover o espírito empresarial, o investimento e o emprego, contribuindo para a redução dos obstáculos ao bom funcionamento do mercado interno." Incluem-se aqui também os "escudos protetores": das ações executivas, do processo de insolvência e dos financiamentos concedidos.

Com efeito, o enquadramento proposto deverá incluir os seguintes elementos: "(a) o devedor deve ser capaz de reestruturar a sua atividade numa fase precoce, logo que se torne evidente que existe uma probabilidade de insolvência; (b) o devedor deve manter o controlo sobre o funcionamento quotidiano das suas atividades; (c) o devedor deve ter a possibilidade de solicitar uma suspensão temporária das ações executivas individuais; (d) um plano de reestruturação adotado pela maioria segundo a legislação nacional deve ser vinculativo para todos os credores desde que o plano seja confirmada por um tribunal; (e) os novos financiamentos necessários

III. Uma breve referência ao facto de devedores e credores poderem extracontratualmente celebrar um acordo cuja finalidade seja a recuperação do devedor. Estes negócios são os mais eficientes em termos económicos, dada a ausência de publicidade e consequentemente da inexistência, ou pelo menos a redução, dos custos reputacionais. Conforme refere Karsten Schmidt[82]: "As melhores reorganizações empresariais não têm o primeiro lugar nos processos concursais já abertos, e em especial não se dão sob olhos do juiz e com publicidade. Os melhores saneamentos de empresa ocorrem cedo, calada e rapidamente...".

IV. Mecanismo típico são os *workouts*, que, em regra, seguem os princípios da INSOL[83]. Em termos genéricos, começam com um acordo de *standstill*, que permita ao devedor fornecer informação aos credores, para que, depois de eles a terem avaliado, se iniciar, subsequentemente, a negociação das propostas.

No acordo devem ser envolvidos os principais credores, os financeiros – nomeadamente a banca e o representante dos titulares de obrigações – e os maiores fornecedores. Os credores acordam em não tomar qualquer medida que melhore a sua posição relativamente aos outros e o devedor vincula-se a não praticar qualquer ato que os prejudique durante o período de negociações. É comum designar-se um banco-líder e estabelecerem-se comités para cada classe de credores.

Neste período de tempo é necessário assegurar a obtenção de novos fundos ao devedor que lhe permitam manter a sua atividade, o que passa por se acordar a concessão de prioridade aos créditos daí

---

para a execução de um plano de reestruturação não devem ser declarados nulos, anuláveis ou ineficazes como um ato prejudicial para a massa dos credores."
Por outro lado, o regulamento (UE) 2015/848 do Parlamento Europeu e do Conselho de 20 de maio de 2015 relativo aos processos de insolvência (JO L 141/19) deverá estender-se "aos processos que promovem a recuperação de empresas economicamente viáveis, mas que se encontram em dificuldades e que concedem uma segunda oportunidade aos empresários" (considerando 11, art. 1.º, e art. 2.º, 4).

[82] KARSTEN SCHMIDT, *La reforma del Derecho concursal italiano e y el Derecho concursal alemán (un apunte de Derecho comparado desde una perspectiva alemana)*, cit., p. 314.

[83] *International Association of Restructuring, Insolvency & Bankruptcy Professionals.*

resultantes. O acordo pode ter um conteúdo bastante diverso, desde redução do valor dos créditos, moratórias, cessão de bens a credores, a alienação de estabelecimentos, a conversão de créditos em participações sociais, etc.[84]

V. É possível ir para além da fase simplesmente contratual, recorrendo-se a institutos que permitam estender o acordo a terceiros credores dissidentes (o *cram down*). O instrumento que desde há muito permite no direito inglês obter esse resultado é o *scheme of arrangement*[85].

Foram, aliás, também, a virtualidades desta figura que levaram grandes sociedades espanholas[86] e alemãs[87] a utilizaram-no para se restruturarem[88]. Esse foi também um dos motores das alterações introduzi-

---

[84] Ver ROY GOODE, *Principles of corporate insolvency law*, 3.ª ed., Thomson/Sweet & Maxwell, Londres, 2005, pp. 407-408, que seguimos de perto neste ponto em texto.

[85] O *scheme of arrangement* não é uma figura do direito falimentar, estando antes regulado no *Companies Act* (de 2006). Ele envolve "a compromise or an arrangement between a company and its creditors, or any class of them, or its members, or any class of them" (LOUISE GULLIFER/JENNIFER PAYNE, *Corporate finance law. Principles and policy*, Hart publishing, Oxford and Portland, Oregon, 2011, p. 619). A figura pode ter conteúdos muito diversos, dentro dos quais se inclui o saneamento do devedor por acordo com os credores. Se, como se diz em texto, for homologado pelo tribunal (*Court sanction for compromise or arrangement, section* 899, *Companies Act* de 2006), o acordo pode ser estendido a outros credores dissidentes, incluindo os credores garantidos. Ver, sobre ela, L. GULLIFER/J. PAYNE, *Corporate finance law. Principles and policy*, cit., pp. 619, ss..

[86] Os casos *La Seda de Barcelona SA* e *Metrovacesa*. Ver J. PULGAR EZQUERRA, *Preconcursualidad y acuerdos de refinanciación. Adaptado a la Ley 38/2011, de 10 de octobre, de reforma de la ley concursal*, cit., pp. 120, ss..

[87] Os casos *Schefenacker, Deutsche Nickel* e *Rodenstock*. Cfr. F. STEFFEK, *Unternehmenssanierung und Unternehmensinsolvenz: Grundzüge, Regelungsprobleme und zukünftige Herausforderungen*, in: Corporate Governance nach der Finanz- und Wirtschaftskrise Vorbilder und Ziele eines modernen Wirtschaftsrechts (Herausgegeben von Christoph Allmendinger, Friederike Dorn, Thomas Lang, Stephanie Lumpp und Felix Steffek), Mohr Siebeck, Tübigen, 2011, pp. 302-303.

[88] Ver, sobre o fenómeno, que gera muitas dúvidas: J. PULGAR EZQUERRA, *Preconcursualidad y acuerdos de refinanciación. Adaptado a la Ley 38/2011, de 10 de octobre, de reforma*

das neste campo nesses ordenamentos. O Direito da recuperação e do saneamento é hoje, igualmente, um relevante factor de concorrência entre as ordens jurídicas[89].

5. O regime do PER

I. O Processo especial de revitalização (PER) está regulado no corpo do Código no Capítulo II, do Título I, artigos 17.º-A a 17.º-I CIRE, aditados pela Lei n.º 16/2012, de 20 de Abril, com entrada em vigor em 20 de maio de 2012[90].

de la ley concursal, cit., pp. 120, ss.; ÁNGEL CARRASCO PERERA/ELISA TORRALBA MENDIOLA, *"Schemes of arrangement" ingleses para sociedades españolas: una crítica*, RDCPC, 14/2011, pp. 349, ss..

[89] Sore este fenómeno, ver: MARIA JOÃO VAZ TOMÉ/DIOGO LEITE DE CAMPOS, *A propriedade fiduciária (trust). Estudo para a sua consagração no direito português*, Almedina, Coimbra, 1999, p. 317; ALBINA CANDIAN, *Le garanzie mobiliari, modelli e problemi nella prospettiva europea*, Giuffrè, Milão, 2001, p. 250 (ligando-o à globalização económica).

[90] Sobre ele, ver: L. MENEZES LEITÃO, *Direito da insolvência*, cit., pp. 295, ss.; idem, *Código da insolvência e da recuperação de empresas, anotado*, 8.ª ed., Almedina, Coimbra, 2015, pp. 58, ss.; J. M. COUTINHO DE ABREU, *Curso de direito comercial*, vol. I, cit., pp. 337, ss.; LUÍS CARVALHO FERNANDES/JOÃO LABAREDA, *Código da insolvência e da recuperação de empresas anotado*, cit., pp. 137, ss; MARIA DO ROSÁRIO EPIFÂNIO, *Manual de direito da insolvência*, cit., pp. 275, ss.; idem, *O processo especial de revitalização*, Almedina, Coimbra, 2015; CATARINA SERRA, *Emendas à (lei da insolvência) portuguesa – primeiras impressões*, DSR, 2012, pp. 97, ss.; idem, *Processo especial de revitalização – contributos para uma "rectificação"* –, ROA, 2012, pp. 715, ss.; idem, *Revitalização – A designação e o misterioso objecto designado. O processo homónimo (PER) e a suas ligações com a insolvência (situação e processo) e com o Sireve*, in: I Congresso da insolvência (coord. Catarina Serra), Almedina, Coimbra, 2013, pp. 85, ss.; idem, *Entre o princípio e os princípios da recuperação de empresas (um work in progress)*, in: II Congresso de direito da insolvência (coord. Catarina Serra), Almedina, Coimbra, 2014, pp. 71, ss.; ALEXANDRE SOVERAL MARTINS, *O P.E.R. (Processo Especial de Revitalização)* in: AB Instantia, Revista do Instituto do Conhecimento AB, 2013, pp. 17, ss.; idem, *Um curso de direito da insolvência*, Almedina, Coimbra, 2015, pp. 459, ss.; MADALENA PERESTRELO DE OLIVEIRA, *O Processo Especial de Revitalização: o novo CIRE*, RDS, 2012, pp. 707, ss.; JOÃO AVEIRO PEREIRA, *A revitalização económica dos devedores*, cit., pp. 28, ss.; ANA PRATA/JORGE MORAIS CARVALHO/JORGE SIMÕES, *Código da insolvência e da recuperação de empresas*

Trata-se de um processo especial com caráter urgente (art. 17.º-A, ns. 1 e 3 CIRE) que pode ser utilizado por qualquer devedor, e destina-se a permitir àquele que, comprovadamente, se encontre em situação económica difícil ou em situação de insolvência meramente iminente, mas que ainda seja suscetível de recuperação, estabeleça negociações com os respetivos credores de modo a concluir com este acordo conducente à sua revitalização (art. 17.º-A CIRE). Ele reveste duas modalidades: aquela em que o acordo é alcançado no seio do processo e uma outra em que o referido acordo é obtido ainda antes do início do processo.

II. Vamos começar por ver com mais detalhe os seus elementos subjetivo e objetivo, passando depois à análise do regime adjetivo. Numa terceira parte faremos incidir a análise no conteúdo do plano e nas questões mais relevantes que neste quadro se colocam.

5.1. O âmbito de aplicação

5.1.1. O âmbito de aplicação subjetivo

I. A lei refere-se, simplesmente, a devedor, não estabelecendo qualquer restrição[91].[92] Somos assim remetidos para a noção de sujei-

---

anotado, Almedina, Coimbra, 2013, pp. 53, ss.; Fátima Reis Silva, *Processo especial de revitalização. Notas práticas e jurisprudência recente*, Porto Editora, Porto, 2014; Nuno Salazar Casanova/David Sequeira Dinis, *PER, o processo especial de revitalização*, Coimbra Editora, Coimbra, 2014; Paulo de Tarso Domingues, *O processo especial de revitalização aplicado às sociedades comerciais*, in: I colóquio de direito da insolvência de Santo Tirso (coord. Catarina Serra), Almedina, Coimbra, 2014, pp. 13, ss..
Ver também a interessante análise de Juana Pulgar Ezquerra, *Preconcursualidad y acuerdos de refinanciación. Adaptado a la Ley 38/2011, de 10 de octobre, de reforma de la ley concursal*, pp. 146, ss..

[91] O Sireve aplica-se só ao devedor titular de empresa (art. 2.º, n.º 1 do Dec.-Lei n.º 178/20012, de 3/8). Incluem-se aqui somente, porém, as sociedades comerciais, e os empresários em nome individual que possuam contabilidade organizada (art. 2.º, n.º 5 do Dec.-Lei n.º 178/20012, de 3/8).

[92] Noutro sentido, interpretando restritivamente a norma para excluir os devedores

to passivo da insolvência do art. 2.º CIRE[93], que tem um alcance amplíssimo.

Como se apontou na devida altura, englobam-se aqui pessoas singulares, comerciantes ou não, as pessoas coletivas, comerciantes ou não, mas também um ente não personificado (p. ex., uma associação sem personalidade jurídica, uma comissão especial, etc.) e um património autónomo (p. ex., e.i.r.l., herança jacente).

Fora do âmbito de aplicação ficam só, praticamente, os entes públicos, as instituições de crédito, sociedades financeiras e empresas de seguros.

5.1.2. O âmbito de aplicação objetivo

I. O plano é aplicável somente a devedores em situação económica difícil ou em insolvência iminente **(i)**[94],[95] desde que sejam suscetíveis de recuperação (art. 17.º-A CIRE) **(ii)**.

---

não titulares de empresa, L. CARVALHO FERNANDES/J. LABAREDA, *Código da insolvência e da recuperação de empresas anotado*, cit., p. 140; PAULO OLAVO CUNHA, *Os deveres dos gestores e dos sócios no contexto da revitalização de sociedades*, in: II Congresso de direito da insolvência (coord. Catarina Serra), Almedina, Coimbra, 2014, pp. 220-221. Em sentido contrário na jurisprudência, ver: acórdão do TRG de 20.02.2014 (Jorge Teixeira), in.www.dgsi.pt. No sentido da interpretação restritiva, o Acórdão do STJ de 10.12.2015 (Pinto de Almeida), in: www.dgsi.pt.

[93] MARIA DO ROSÁRIO EPIFÂNIO, *Manual de direito da insolvência*, cit., p. 276.

[94] A lei alemã no § 270b (1) InsO, no âmbito do *Vorbereitung einer Sanierung*, limita-se aos casos de insolvência iminente (*drohender Zahlungsunfähigkeit*) ou sobreendividamento (*Überschuldung*), mas não *Zahlungsunfähig* (ou seja, insolvente nos termos do art. 3.º, n.º 1 CIRE – § 17 (2) InsO –, o que significa impossibilitado de cumprir as suas obrigações vencidas), mas, ao contrário da lei portuguesa, não inclui a situação económica difícil.

Em Itália, a concordata preventiva (art. 160.º da *legge fallimentare*) e os acordos de restruturação de dívidas (art. 182.º-bis da *legge fallimentare*) aplicam-se aos empresários "em estado de crise" (*stato di crisi*). A lei não define crise, mas na autorizada definição de A. MAFFEI ALBERTI/G. GUERRIERI (*Il concordato preventivo. Gli accordi di ristrutturazione dei debiti*, cit., p. 577): "o conceito de crise parece abranger todos os casos em que o empresário se encontra num estado de dificuldade temporária para

Analisaremos este conjunto de requisitos de forma sequencial.

II. A lei não definia situação de insolvência iminente[96], e continua a não definir. Já a lei alemã o faz [§ 18 (2) *InsO*] em termos que cremos, dada a grande proximidade da delimitação das situações de insolvência, serem transponíveis para o direito português (além de corresponder à generalidade das leis insolvenciais europeias nesta matéria[97]): é iminente a insolvência do devedor quando ele, previsivelmente, não estará em posição de cumprir as suas obrigações no momento em que elas vierem a vencer-se.[98]

---

cumprir regularmente as suas obrigações (...), ou mesmo esteja concretamente em perigo de se tornar insolvente."

Contudo, na concordata preventiva, nos termos do art. 160.º, 1.º parágrafo da *legge falimentare*, da forma mais ampla, aí se inclui também a insolvência ("ai fini di cui al primo comma per stato di crisi si intende anche lo stato di insolvenza").

[95] Em França só pode recorrer ao processo de salvaguarda (*procédure de sauvegarde*) o devedor, que sem ter cessado pagamentos, demostre a existência de "difficultés qu'il n'est pas en mesure de surmonter" (art. L. 620-1 do *Code de Commerce*). Ver, sobre este ponto, DOMINIQUE VIDAL, *Droit de l'entreprise en difficulté. Prévention – conciliation – sauvegarde – redressement – liquidation – sanctions*, 3.ª ed., Gualino, Paris, 2010, pp. 111, ss.; JOCELYNE VALLANSAN, *Difficultés des enterprises. Commentaire article para article du Livre VI du Code de Commerce*, (com a colaboração de PIERRE CAGNOLI, LAURANCE FIN-LANGER, CORINNE REGNAUT-MOUTIER), 5.ª ed., Litec, Paris, 2009, p. 42.

[96] Também não o faz no Sireve.

[97] "Imminent cash flow insolvency aims to capture a situation in which, while the company is currently still available to pay its debts, it is already foreseeable that it will not be able to continue to do so at a certain future point in time", F. STEFFEK, *Insolvency (corporate)*, in: The Max Planck encyclopedia of European private law, vol. I, Oxford University Press, Oxford, 2012, p. 902. P. ex., em sentido próximo a *Ley Concursal* (art. 2.º, 3): "Se encuentra en estado de insolvencia inminente el deudor que prevea que no podrá cumplir regular y puntualmente sus obligaciones."

[98] Quando da análise financeira resulta previsível que os meios de pagamentos não serão suficientes para cumprir as obrigações vincendas, sem que seja possível obtê--los, recorrendo a uma fonte de financiamento. Cfr. H. HESS, *Sanierungshandbuch*, cit., pp. 872-873. Ver, a propósito: OTHMAR JAUERNIG/CHRISTIAN BERGER, *Zwangs-vollstreckungs- und Insolvenzrecht*, 23.ª ed., C. H. Beck, Munique, 2010, § 54, p. 227; LUDWIG HÄSEMEYER, *Insolvenzrecht*, 3.ª ed., Carl Heymanns Verlag, Colónia, 2003, pp. 140, ss.. Em sentido próximo na doutrina portuguesa, ver LUÍS CARVALHO FER-

Ao consagrar este fundamento de declaração de insolvência, equiparando-a à insolvência atual (art. 3.º n.º 4 CIRE) no caso de apresentação do devedor (mas não existe, neste caso, qualquer dever de apresentação – art. 18.º CIRE), o CIRE visava já dispor de um instrumento, incipiente, que permitisse a recuperação da empresa em condições mais favoráveis do que se o único fundamento fosse a insolvência atual. Foi esse o sentido da sua consagração, tanto no Código alemão, como no espanhol (dentre outros), modelos que inspiraram a lei nacional.

Nessa medida, é óbvio o recurso ao mesmo para permitir a recuperação do devedor fora do processo insolvencial (caso seja recuperável), embora não se exclua que ele possa, se assim entender, optar por este.

III. Pelo contrário, a lei vem agora definir em que consiste a situação económica difícil: "dificuldade séria [do devedor] para cumprir pontualmente as suas obrigações, designadamente por ter falta de liquidez ou por não conseguir obter crédito." (art. 17.º-B CIRE).

Esta figura recupera, em termos próximos (num movimento de "eterno retorno"), um dos fundamentos do processo de recuperação de empresas previstos no Código pregresso, o Código especial de recuperação de empresas e da falência (CPEREF, art. 3.º n.º 2[99]). A consagração deste fundamento justifica-se plenamente. Nem todas as leis o fazem (p. ex., a lei alemã), mas é importante que o devedor, logo que se manifestem as suas dificuldades, nos termos referidos, possa recorrer ao PER, porque é quando terá a maior probabilidade de vir a ser recuperado. Desde logo, porque será mais fácil manter-se em funcionamento durante a fase das negociações (ele ainda pode pagar).

A distinção da situação económica difícil da insolvência iminente pode revelar-se por vezes fluida, tanto mais que uma será, ou pode ser, a antecâmara da outra, numa sequência: situação económica difícil/

NANDES/JOÃO LABAREDA, *Código da insolvência e da recuperação de empresas anotado*, cit., p. 87.

[99] "É considerada em situação económica difícil a empresa que, não devendo considerar-se em situação de insolvência, indicie dificuldades económicas e financeiras, designadamente por incumprimento das suas obrigações." Ver, *supra*, n.º 2.2.

insolvência iminente/insolvência. O núcleo da distinção passa pelo seguinte: num caso o devedor terá dificuldade séria para cumprir, não sendo, ainda assim previsível, que venha incumprir, enquanto no outro, pelo contrário, é já previsível que se venha a verificar esse incumprimento.

IV. Se o devedor estiver já insolvente, ele não pode recorrer ao PER[100]. Só poderá recorrer aos instrumentos que o CIRE disponibiliza para esse efeito, que, no caso do devedor titular de empresa, são essencialmente o plano de pagamentos [art. 249.º, n.º 1, al. b) CIRE] ou o plano de recuperação[101].

V. Uma vez que os devedores insolventes estão excluídos do PER, importa determinar quando ele está efetivamente nessa situação. O que nem sempre é fácil.

O Código da insolvência português, na linha do Código alemão, consagra (aparentemente, como já veremos) duas situações de insolvência.

O primeiro, clássico, genérico, aplicável a qualquer devedor, consiste a impossibilidade do devedor de cumprir as obrigações vencidas (art. 3.º n.º 1 CIRE). Denomina-se, em termos gerais, *cash flow insolvency*.

Um outro, inspirado na *Überschuldung* do § 19 da *Insolvenzordnung* (na sua versão inicial)[102], que corresponde ao chamado *balance sheet insolvency*,[103] consiste no excesso *manifesto* do passivo relativamente

---

[100] Em decorrência das alterações introduzidas ao Dec-Lei n.º 178/2012, de 3/8, ao Dec.-Lei n.º 26/2015, de 6/2, também não pode recorrer ao Sireve, o que no recorte inicial deste procedimento podia acontecer.

[101] O plano que se destine a prover à recuperação do devedor designa-se plano de recuperação (art. 192.º, n.º 3 CIRE).

[102] Ver O. Jauernig/C. Berger, *Zwangsvollstreckungs- und Insolvenzrecht*, cit., § 54, p. 228.

[103] Sobre esta matéria, ver L. Menezes Leitão, *Direito da insolvência*, cit., pp. 75-76; F. Steffek, *Insolvency (corporate)*, cit., p. 900.

ao ativo[104], avaliados segundas as normas contabilísticas aplicáveis" e aplica-se só às "pessoas coletivas e os patrimónios autónomos por cujas dívidas nenhuma pessoa responda pessoal e ilimitadamente, por forma direta ou indireta" (art. 3.º n.º 2 CIRE). Assim, p. ex., as sociedades comerciais por quotas, as anónimas, as sociedades civis sob forma comercial, as sociedades de profissionais, as associações personificadas, as fundações, etc.

A lei permite, contudo, que se reavalie o passivo e ativo, de acordo com um conjunto de critérios fixados no art. 3.º, n.º 3 CIRE[105]. Aqui têm uma grande importância os suprimentos[106], pois têm de ser retirados, para este efeito, do passivo[107]. Se dessa reavaliação resulta que ativo é superior àquele, não se verifica a situação de insolvência.

VI. Aparentemente, pois, dizíamos, uma sociedade comercial cujo passivo exceda manifestamente o ativo, sem que a reavaliação de um e outro nos termos do art. 3.º n.º 3 CIRE, conduza à superioridade deste último face ao primeiro, está insolvente e por isso não poderá recorrer ao PER.

Pese embora o elemento literal da norma apontar nesse sentido, cremos, no entanto, que art. 3.º, n.º 3 CIRE não consagra uma outra situação de insolvência diversa daquele do art. 3.º n.º 1 CIRE, ou seja, a impossibilidade de cumprir pontualmente as obrigações vencidas.

De facto, uma sociedade comercial pode ter um passivo manifestamente superior ao ativo em termos quantitativos por circunstâncias

---

[104] No que consiste já numa diluição daquele que foi o modelo germânico, que o legislador pretendeu inicialmente consagrar, tendo depois recuado.

[105] Sobre eles, ver J. M. COUTINHO DE ABREU, *Recuperação de empresas em processo de insolvência*, in: Ars iudicandi, Estudos em homenagem ao Prof. Doutor António Castanheira Neves (organizadores: Jorge de Figueiredo Dias, José Joaquim Gomes Canotilho, José de Faria Costa) vol. II: direito privado, BFD, Coimbra Editora, Coimbra, 2008, pp. 14, ss..

[106] Para a caracterização deste contrato e seu regime, ver, *infra*, n.º 7.4.

[107] Art. 3.º, n.º 3, al. c) CIRE: "Não se incluem no passivo dívidas que apenas hajam de ser pagas à custa de fundos distribuíveis ou do activo restante depois de satisfeitos ou acautelados os direitos dos demais credores do devedor."

do ciclo económico e manter o acesso ao crédito (recorrendo muitas vezes a garantias pessoais dos seus sócios), continuando a pagar pontualmente. E continuando a cumprir, não há outros reflexos nos restantes agentes económicos.

O quadro já será diverso, se se demonstrar que a sociedade em que o passivo seja manifestamente superior ao ativo irá, a curto prazo, incumprir as obrigações que se vencem nesse período de tempo[108].[110] Só neste caso deve ser declarada a insolvência. Contudo, trata-se, em rigor, de um caso peculiar de insolvência próxima, que a lei equipara à verdadeira insolvência[110]. Consiste, deste modo, num instrumento excecional de tutela dos credores deste sujeito.

Acrescente-se ainda, em abono do que se acaba de dizer, que uma interpretação diferente desta norma, considerando só o aspeto quantitativo (que, para mais, como se viu, é na maior parte dos casos fluído e incerto), levaria a considerar a empresa insolvente e, portanto, sem poder recorrer ao PER, que, como se sabe, só se aplica a sujeitos em

---

[108] Neste sentido, FILIPE CASSIANO SANTOS/HUGO DUARTE FONSECA, *Pressupostos para a declaração de insolvência no Código da Insolvência e da Recuperação de Empresas*, CDP, 2010, p. 24.
Embora não o digam expressamente, parece ser esta também a posição de L. CARVALHO FERNANDES/J. LABAREDA (*Código da insolvência e da recuperação de empresas anotado*, cit., p. 89) para quem a referida insuficiência só constitui índice seguro de insolvabilidade quando "[revista] uma expressão que, de acordo com a normalidade da vida, torna insustentável, a prazo, o pontual cumprimento das obrigações do devedor."

[109] Como refere, J. COUTINHO DE ABREU (*Recuperação de empresas em processo de insolvência*, cit., p. 18): "A situação de património líquido negativo será normalmente a antecâmara da impossibilidade de cumprimento das obrigações. Mas nem sempre é assim."

[110] Sobre a interpretação do art. 3.º n.º 3 CIRE exposta em texto seguimos, *de muito perto*, a posição defendida em Artigo conjunto com PEDRO CAEIRO. Ver, M. PESTANA DE VASCONCELOS/PEDRO CAEIRO, *As dimensões jurídico-privada e jurídico-penal da insolvência (uma introdução)*, in: Infrações económico-financeiras. Estudos de Direito e de Criminologia (org. José Neves Cruz, Carla Cardoso, André Lamas Leite e Rita Faria), Coimbra Editora, Coimbra, 2013, pp. 517, ss., para onde remetemos (*ob. cit.*, pp. 526-528) para uma análise mais detalhada, e fundamentação mais desenvolvida, do que se diz em texto.

situação económica difícil ou em insolvência iminente (art. 17.º-A, n.º 1 CIRE), caso sejam recuperáveis.

Ora, uma das principais razões do recurso a este instrumento de recuperação é a procura por parte dos devedores de uma restruturação do passivo. O que sucede, como é óbvio, quando aquele seja mesmo de forma significativa superior ao ativo. Consiste numa forma de restabelecer o equilíbrio financeiro do devedor que seja recuperável, isto é, tenha viabilidade económica. Assim, interpretar de outra forma esta disposição levaria a excluir do PER empresas economicamente viáveis que careçam somente de uma restruturação financeira.

Por isso, o devedor que continue a pagar, mesmo sendo o seu passivo manifestamente superior ao ativo, não está insolvente e pode recorrer ao PER, desde que, nos termos gerais, acima vistos, esteja em situação de insolvência iminente ou em situação económica difícil (é provável, mas não é necessário, que esteja numa ou noutra destas situações).

VII. Além de o devedor estar em situação económica difícil ou em insolvência iminente é também necessário que ele seja recuperável. Todavia, o juízo da verificação deste requisito não é externo, mas do próprio sujeito: é suficiente que ele, por declaração escrita e assinada, ateste que reúne as condições necessárias para o efeito (art. 17.º-A, n.º 2, CIRE).

VIII. Como se referiu, só pode recorrer ao PER o devedor que, "comprovadamente", se encontre em situação económica difícil ou em situação de insolvência meramente iminente, mas que ainda seja suscetível de recuperação (art. 17.º-A, n.º 1 CIRE).

Todavia, como também já se sublinhou, o legislador não criou, ao contrário do que sucede em todos os casos semelhantes de direito comparado[111], um sistema de controlo externo, tendo mesmo afas-

---

[111] É o seguinte o panorama geral.
No direito alemão para que o devedor possa recorrer ao mecanismo do *Schutzschirmverfahren*, do § 270b (1) *InsO* é necessário que o devedor junte ao requerimento um

RECUPERAÇÃO DE EMPRESAS: O PROCESSO ESPECIAL DE REVITALIZAÇÃO

tado aquele que existia no anteprojeto[112] e do que está previsto no Sireve[113]. O juiz, por seu lado, não terá meios para determinar se o

atestado (*Bescheinigung*), devidamente fundamentado de um profissional com experiência em matéria de insolvência, donde resulte que o devedor está numa situação de insolvência iminente ou de sobreendividamento, mas não impossibilitado de cumprir (*Zahlungsunfähig*), e que o saneamento visado não tem de forma clara qualquer perspectiva de sucesso (*angestrebte Sanierung nicht offensichtlich aussichtslos ist*). Cfr. R. BUCHALIK, in: H. HAARMEYER/W. WUTZKE/K. FÖRSTER, *InsO – Insolvenzordnung, Kommentar*, cit., p. 1874, ss..

A proposta de concordata preventiva do Direito italiano tem que vir acompanhada com um plano que contenha a descrição analítica da modalidade e do tempo de cumprimento da proposta [art. 161.º, par. 2, al e) da *legge fallimentare*] assim como por relatório de um profissional (*un professionista*), designado pelo devedor, que preencha os requisitos definidos no art. 67.º, par. 3, al. d) da *legge fallimentare* que "ateste a veracidade dos dados empresariais e da exequibilidade (*fattibilità*) do plano em si", o mesmo se aplicando no caso de mudança "substancial" da proposta ou do plano (art. 161.º, par. 3, da *legge fallimentare*). O profissional que elabora o relatório está sujeito a requisitos apertados de independência (art. 67.º, par. 3, al. d) da *legge fallimentare*). Ver, desenvolvidamente, S. PACCHI, *La quinta etapa de la reforma concursal italiana*, cit., pp. 386, ss..

No direito espanhol é necessário que o acordo de refinanciamento tenha sido informado favoravelmente por um perito independente (que cumpra as condições do art. 28.º da *Ley concursal*) designado pelo conservador do registo do domicílio do devedor (art. 71.º, n.º 6, 2.º da *Ley concursal*). A nomeação do perito pelo conservador está agora cuidadosamente regulada no art. 71.º *bis* da mesma lei (*nombramiento del experto por el Registrador*) e o relatório deve conter um "juízo técnico" sobre o "caráter razoável e exequível do plano" (art. 71.º, n.º 6, 2.º *Ley concursal*). Ver sobre o plano: J. PULGAR EZQUERRA, *Preconcursualidad y acurdos de refinaciación*, cit., pp. 278, ss.; FRANCISCO URÍA FERNANDEZ/JAVIER CALVO GONZÁLEZ-VALLINAS, *El nuevo régimen de las refinaciaciones y reestructuraciones ante el concurso*, RDCPC, 2013, pp. 127, ss..

[112] No anteprojeto exigia-se que houvesse "uma declaração certificada por um técnico oficial de contas, ou sempre que legalmente a tal esteja obrigado, por revisor oficial de contas, independentes, que atestasse que [o devedor] reunia "as condições necessárias para a sua recuperação."

[113] O IAPMEI profere despacho de recusa do requerimento quando não se verifiquem os requisitos do art. 2.º do Dec.-Lei n.º 178/2012, de 3/8, ou seja, quando a empresa não esteja em situação economicamente difícil, nem em situação de insolvência iminente e não tenha uma avaliação global positiva de um conjunto de indica-

devedor preenche ou não esses dois requisitos, desde logo porque a lei lhe impõe que, recebido a comunicação do devedor, nomeie, "de imediato", por despacho, o administrador judicial provisório [art. 17.º-C, n.º 3, al. a) CIRE][114]. Mas se for claro dos dados do processo que elas não estão preenchidas deverá indeferi-lo[115].

IX. Há assim o risco, evidente, de se iniciar o processo sem que o devedor reúna os requisitos para o efeito, ou porque já está insolvente ou porque não é recuperável. É uma solução *insatisfatória, porque o PER não é um instrumento de recuperação insolvencial,* e, por outro, também não é uma forma de adiar a insolvência de devedores de todo inviáveis, sem perspetivas de recuperação[116].

---

dores (3) aí previstos relativos aos três últimos exercícios completos à data da apresentação do requerimento [art. 6.º, n.º 1, al. a) i) do Dec.-Lei n.º 178/2012, de 3/8].

[114] A análise do anteprojeto permite concluir que esse efeito quase automático de nomeação do administrador foi querido pelo legislador. Era a seguinte a redação desta norma no anteprojeto: "Requerer ao juiz do tribunal competente para declarar a sua insolvência, autorização para dar início às negociações conducentes à sua recuperação, devendo o juiz decidir a questão no prazo de um dia útil, nomeando logo no despacho que decida a questão, em caso de deferimento da pretensão, administrador judicial provisório, aplicando-se o disposto nos artigos 32.º a 34.º, com as necessárias adaptações."

[115] Neste sentido: J. AVEIRO PEREIRA, *A revitalização económica dos devedores,* cit., p. 36; L. CARVALHO FERNANDES/J. LABAREDA, *Código da insolvência e da recuperação de empresas anotado,* cit., p. 142. O caso decidido no acórdão do TRG de 20.02.2014 (Moisés Silva) (in: www.dgsi.pt) é muito claro. Aí se lê: "Não pode recorrer ao PER (processo especial de revitalização) o devedor que, face ao que o próprio alega, está já em estado de insolvência, devendo ser indeferido liminarmente o respetivo pedido, para, além do mais, evitar a violação do dever de apresentação (art.º 18.º do CIRE)."

[116] Como refere corretamente ÁNGEL CARRASCO PERERA (*Los derechos de garantia en la ley concursal,* 3.ª ed., Civitas/Thomson Reuters, Pamplona, 2009, p. 57): "Uma vez declarado o concurso, o devedor, os seus proprietários sociais e os seus gestores, têm incentivos para perpetuar a situação de crise, mediante procedimentos mais ou menos viáveis de continuação empresarial, pois a liquidação levará à perda dos ativos sociais ou do posto diretivo" (tradução nossa). O recurso ao PER pode assentar em motivações semelhantes.

Quando assim seja, esse devedor empresarial deverá o mais rapidamente possível ser retirado do mercado, como forma de tutela dos seus atuais e futuros credores. Trata-se de um princípio do direito da insolvência que justifica, p. ex., a concessão de um privilégio creditório mobiliário ao credor que deduza o pedido de declaração de insolvência (art. 98.º CIRE).

Por último, também não é um instrumento de gestão para se restruturar a empresa que não esteja em situação económica difícil.

X. Há, no entanto, um controlo subsequente, imperfeito, para o qual, cremos, o legislador terá remetido. Com efeito, se o administrador chegar com segurança à conclusão de que um ou ambos os requisitos não estão preenchidos deverá informar disso o juiz[117]. De facto, cabe ao administrador "fiscalizar o decurso dos trabalhos e a sua regularidade" (art. 17.º-D, n.º 9 CIRE), pelo deverá avaliar do preenchimentos dos pressupostos do processo, base evidentemente da regularidade dos trabalhos.

Temos, depois, com grande relevância, o juízo dos credores. Caso entendam que os pressupostos não se verificam, podem recusar-se a participar nas negociações, dando conhecimento deste facto ao administrador, a quem cumprirá avaliar dos fundamentos apresentados. Se o número de credores for suficiente para bloquear a aprovação do acordo, o processo negocial então deve ser encerrado, cabendo ao administrador comunicar tal facto ao processo (se possível por meios eletrónicos) e publicá-lo no *Citius*.

XI. Para além disso, há consequências para o devedor.

Se ele estiver já insolvente e recorrer ao PER, corre um sério risco, porque o início deste processo não suspende o dever de se apresentar à insolvência (quando ele exista – art. 18.º, n.º 1 CIRE). Ora, se não o cumprir, quando o deveria ter feito, arrisca a qualificação da insolvência como culposa (art. 186.º CIRE), uma vez que se presume a sua

---

[117] Neste sentido, L. CARVALHO FERNANDES/J. LABAREDA, *Código da insolvência e da recuperação de empresas anotado*, cit., p. 139.

culpa grave [art. 186.º, n.º 3, al. a) CIRE], o que tem sérias repercussões no devedor ou seus administradores (art. 189.º CIRE).

Caso não reúna, ao contrário do que atesta, as condições para a ser recuperado, ou se não estiver em situação económica difícil ou de insolência iminente, responde nos termos do art. 17.º-D, n.º 11 CIRE, assim como, se for uma pessoa coletiva, solidariamente, os seus administradores de direito ou de facto pelos prejuízos causados aos credores[118].[119]

5.2. As relações com o processo de insolvência e o Sireve

I. Como se referiu, o recurso ao PER para a recuperação do devedor não é um meio alternativo à insolvência, a não ser no que diz respeito à insolvência iminente (art. 3.º n.º 4 CIRE). Nesse caso, o devedor poderá escolher entre ambos os processos, sendo certo que o segundo passa pela aprovação de um plano de insolvência ou de pagamentos, consoante seja o caso. Não há qualquer escolha se o devedor já estiver insolvente.

Na eventualidade de o processo de insolvência já se ter iniciado, é ainda possível o recurso ao PER, se a insolvência não tiver sido declarada (art. 17.º-E, n.º 6 CIRE), suspendendo-se o processo. Desde que, claro, o devedor não esteja já numa situação de insolvência atual, mas meramente iminente, caso contrário, como se viu, não se verificam os pressupostos do PER. Conforme seja aprovado e homologado ou não o plano, extingue-se o processo ou cessa a suspensão.

---

[118] Neste sentido, e enquadrando a modalidade de responsabilidade no âmbito da responsabilidade por informações, L. MENEZES LEITÃO, *A responsabilidade pela abertura indevida de um processo de revitalização*, in: II Congresso de direito da insolvência (coord. Catarina Serra), Almedina, Coimbra, 2014, pp. 143, ss..

[119] Limitando esta responsabilidade ao dolo, L. CARVALHO FERNANDES/J. LABAREDA, *Código da insolvência e da recuperação de empresas anotado*, cit., p. 139. Noutro sentido, incluindo também aqui a negligência, com razão, L. MENEZES LEITÃO, *A responsabilidade pela abertura indevida de um processo de revitalização*, cit., pp. 149, ss..

II. No que diz respeito ao Sireve, enquanto estiver pendente um PER, o devedor não poderá recorrer a ele [art. 18.º, n.º 1, al. c) do Dec.--Lei n.º 178/2012, de 3/8], assim como também não o poderá fazer se se tiver concluído um PER sem que seja aprovado o plano de recuperação (ou se se tiver verificado o incumprimento dos seus termos), nos dois anos anteriores à apresentação do requerimento de utilização do Sireve, nos termos do art. 17.º-G do CIRE [art. 18.º, n.º 1, al. d) do Dec.--Lei n.º 178/2012, de 3/8].

Ao invés, o recurso a este último o procedimento não impede que posteriormente se lance mão do PER. Mais: tal pode suceder mesmo sem que aquele tenha cessado, caso em que se extingue (art. 18.º, ns. 6 e 7 do Dec.-Lei n.º 178/2012, de 3/8).

5.3. As modalidades de PER

I. Distinguimos duas modalidades desta figura. Aquelas em que o acordo seja obtido no âmbito do processo e aquelas em que seja obtido extrajudicialmente. Neste último caso, o processo inicia-se só mais tarde com a apresentação ao tribunal do acordo para ser homologado.

São figuras que, integrando o PER, se revestem de características bastante diversas. De facto, no primeiro caso, as negociações entre o devedor e seus credores fazem-se já no seio do processo judicial – embora claro está, nada obste, e seja até conveniente do prisma prático, que haja uma preparação prévia, e até um pré-acordo com alguns dos credores –, podendo, ou não, alcançar-se o acordo; na segunda modalidade da figura, as negociações conducentes ao acordo fazem-se sem a publicidade do recurso ao processo judicial. Só depois de alcançado o acordo, *e se for alcançado o acordo*, com uma maioria qualificada de credores (art. 17.º-I, n.º 1 CIRE), se recorre ao processo para a sua homologação.

A intervenção do juiz no processo, mesmo no primeiro caso, é limitada. Essencialmente, ela verifica-se na abertura, na decisão das impugnações e na homologação.[120]

---

[120] Sublinhado o reduzido papel do juiz, o acórdão do TRP de 4.02.2014 (Anabela

5.3.1. Acordo no seio do processo

5.3.1.1. A iniciativa

I. O processo judicial inicia-se com a comunicação pelo devedor ao juiz do tribunal competente para declarar a sua insolvência que pretende dar início às negociações conducentes à sua recuperação[121]. Essa comunicação deve estar acompanhada de um conjunto de documentos que se passam, de seguida, a enumerar [art. 17.º-C, n.º 1, al. a) CIRE].

i) uma declaração escrita do devedor e de, pelo menos, um dos seus credores pela qual seja manifestada comum vontade de encetarem negociações conducentes à revitalização daquele por meio da aprovação de um plano de recuperação, devendo a mesma ser ser assinada por todos os declarantes e datada [art. 17.º-C, ns. 1 e 2 CIRE].

ii) a declaração do devedor, escrita e assinada, em ele ateste que reúne as condições necessárias para a sua recuperação (art. 17.º-A, n.º 2 CIRE).

iii) os documentos elencados no art. 24.º, n.º 1 CIRE, os quais ficam patentes na secretaria para consulta dos credores durante todo o processo [art. 17.º-C, n.º 1, al. b) CIRE].

Dias da Silva), in www.dgsi.pt: "Neste processo é atribuído ao juiz um papel reduzido, não só devido à natureza extra-judicial de muita da sua tramitação. E assim, além da nomeação de administrador judicial provisório, na sequência da comunicação efectuada pelo devedor, cfr. art.º 17.º-C, n.ºs 1 a 3, al. a), cabe ao juiz, sobretudo, a decisão sobre as impugnações de reclamações de créditos, cfr. art.º 17.º-D e, a prolação do despacho de homologação, ou recusa, do plano, cfr. art.º 17.º-F, n.ºs 3 e 5, ou, eventualmente de encerramento do processo por ultrapassagem do prazo legal".

[121] Como refere corretamente A. SOVERAL MARTINS [*O P.E.R. (Processo Especial de Revitalização)*, cit., p. 21], o processo judicial inicia-se somente com a comunicação ao tribunal acompanhada das referidas declarações.

De entre estes conta-se a relação por ordem alfabética de todos os credores, com indicação dos respetivos domicílios, dos montantes dos seus créditos, datas de vencimento, natureza e garantias de que beneficiem, e da eventual existência de relações especiais, nos termos do artigo 49.º CIRE, a relação e identificação de todas as ações e execuções que contra si estejam pendentes, o documento em que se explicita a atividade ou atividades a que se tenha dedicado nos últimos três anos e os estabelecimentos de que seja titular, bem como o que entenda serem as causas da situação em que se encontra [art. 24.º n.º 1, als. a), b) e c) CIRE][122].

III. Recebida essa comunicação, deve o juiz, de imediato, nomear por despacho, administrador judicial provisório [art. 17.º-C, n.º 3, al. a) CIRE][123].

---

[122] Quanto a estes não resulta de forma clara da norma que tenham que ser juntos com a comunicação. Contudo, a lei impõe que, quer estes, quer a comunicação tenham que ser realizadas de imediato, o que aponta no sentido da necessidade de serem realizados concomitantemente. No sentido que podem ser entregues depois, CATARINA SERRA, *Processo especial de revitalização – contributos para uma "rectificação" –*, cit., p. 721.

[123] Aplicando-se, com as necessárias adaptações, o disposto nos artigos 32.º a 34.º CIRE, assim como as restantes normas do CIRE, para onde o art. 34.º remete. Temos pois aqui uma dupla remissão o que torna este regime especialmente complexo.

No que diz respeito à sua escolha, ela é realizada pelo juiz e recai em entidade inscrita na lista oficial de administradores da insolvência, podendo, nos termos do art. 32.º CIRE, "o juiz ter em conta a proposta eventualmente feita na petição inicial no caso de processos em que seja previsível a existência de actos de gestão que requeiram especiais conhecimentos."

É importante ter presente que há uma clara diferença de funções entre o administrador no PER e o administrador judicial provisório. Com efeito, este é nomeado como uma providência cautelar (art. 31.º n.º 1 CIRE), que tem por fundamento o "justificado receio da prática de actos de má gestão", por parte do devedor, e visa "impedir o agravamento da situação patrimonial do devedor, até que seja proferida sentença" (art. 31.º n.º 1 CIRE).

Não é, evidentemente, o aqui o que se passa, sendo o conjunto das suas das suas funções bem diverso. Elas consistem na elaboração da lista provisória de créditos (art.

O despacho é imediatamente notificado ao devedor, sendo-lhe aplicável o disposto nos arts. 37.º e 38.º CIRE (art. 17.º-C, n.º 4 CIRE).

IV. Notificado deste despacho, o devedor deve comunicar, de imediato e por meio de carta registada, a todos os seus outros credores (os que não tenham subscrito a declaração) que deu início a negociações com vista à sua revitalização, convidando-os a participar, caso assim o entendam, nas negociações em curso (art. 17.º-D, n.º 1 CIRE).

Note-se que o devedor responde, bem como os seus administradores de direito ou de facto, no caso de aquele ser uma pessoa coletiva, solidariamente pelos prejuízos causados aos seus credores em virtude de falta ou incorreção das comunicações ou informações. A ação intentada para apuramento dessas responsabilidades corre de forma autónoma ao processo (art. 17.º-D, n.º 11 CIRE).

5.3.1.2. A reclamação de créditos

I. Qualquer credor dispõe de um prazo de 20 dias contados da publicação no portal *Citius* do despacho de nomeação do administrador judicial provisório, para reclamar os seus créditos, devendo essa reclamação ser remetida ao administrador provisório que, no prazo de cinco dias, elaborará a lista provisória de créditos que é imediatamente apresentada na secretaria do tribunal e publicada no portal *Citius* (art. 17.º-D, ns. 2 e 3 CIRE).[124]

17.º-D, n.º 2 CIRE); participar negociações, orientando e fiscalizando o decurso dos trabalhos e a sua regularidade (art. 17.º-D, n.º 9, CIRE); autorizar a prática de atos de especial relevo (art. 17.º-E, n.º 2 CIRE); prorrogar o prazo das negociações mediante acordo com o devedor (art. 17.º-D, n.º 5 CIRE) e de encerrar o processo (art. 17.º-G, n.º 1 CIRE). Além disso, tem ainda que elaborar o parecer sobre a situação de insolvência do devedor e de requerer, sendo o caso, a sua insolvência (art. 17.º-G, n.º 4 CIRE).

[124] Não se aplica aqui o regime do processo de insolvência relativo à reclamação ulterior de créditos (art. 146.º). Cfr. o acórdão do TRG de 2.05.2013 (Antero Veiga), in: www.dgsi.pt.

Ela pode ser impugnada no prazo de cinco dias úteis (a impugnação dirige-se ao tribunal), dispondo o juiz de idêntico prazo para decidir as impugnações. Caso não seja impugnada, converte-se em definitiva (art. 17.º-D, ns. 3 e 4 CIRE).

Note-se que, apesar dos prazos apertados para a decisão do juiz, a lei prevê a hipótese de essas impugnações não estarem decididas aquando da aprovação do plano de recuperação, como decorre do art. 17.º-F, n.º 3 CIRE, podendo, nesse caso, o juiz computar os créditos que tenham sido impugnados, se considerar que há "probabilidade séria" de eles serem reconhecidos.

II. A este propósito é importante sublinhar dois pontos. O primeiro é que a reclamação e verificação de créditos é aqui especialmente simplificada face àquela que prevista no processo insolvencial[125]. Desde logo, os prazos são muito mais curtos, não há graduação de créditos, nem direito de resposta às impugnações (art. 131.º CIRE).[126]-[127]

Isto decorre de razões de celeridade (sem as quais a finalidade do processo está totalmente comprometida), e porque a lista de credores tem no PER um sentido e um alcance diverso. Com efeito, a inclusão na lista – e os créditos não tem todos que ser necessariamente recla-

---

[125] Sobre esta, ver: L. MENEZES LEITÃO, *Direito da insolvência*, cit., pp. 215, ss.; SALVADOR DA COSTA, *O concurso de credores no processo de insolvência*, Revista do CEJ, 1.º semestre, 2006, número especial, pp. 91, ss..

[126] Pese embora jurisprudência em sentido contrário que aplica aqui o regime do processo de insolvência, em especial o art. 131.º, quanto à resposta às impugnações, como acontece com o acórdão do TRP de 27.02.2014 (Judite Pires), in: *www.dgsi.pt* ("Na falta de regulamentação própria, a impugnação da lista provisória deve processar-se segundo as regras previstas para a impugnação dos créditos no processo de insolvência, designadamente as dos artigos 130º e 131º do CIRE".).

[127] Cfr. FÁTIMA REIS SILVA, *A verificação de créditos no processo de revitalização*, in: II Congresso de direito da insolvência (coord. Catarina Serra), Almedina, Coimbra, 2014, pp. 263-264 (embora admita ainda a notificação das impugnações ao administrador e ao requerente e, "em casos extremos", a tentativa de conciliação). Esta Autora sustenta ainda que a decisão da impugnação de créditos é recorrível, embora não de forma autónoma, no "recurso que venha a ser interposto da decisão final" e só no caso de aprovação (*ob. últ. cit.*, p. 265).

mados[128], por aplicação do art. 129.º, n.º 1[129]-[130], CIRE, por analogia – visa simplesmente determinar quem pode participar nas negociações, as maiorias de aprovação (o que implica a classificação dos créditos) e quem pode votar[131].

Ou seja: sem ver o seu crédito incluído na lista, o credor não poderá participar nas negociações, nem poderá votar, embora o seu crédito possa vir a ser atingido com homologação do plano, uma vez que ela não se limita aos credores que tenham os créditos reconhecidos.

Se, posteriormente, vier a ser declarada a insolvência do devedor, os credores do insolvente que tenham reclamado os seus créditos no PER (exceto no caso do art. 17.º-G, n.º 7 CIRE) têm o ónus de o fazer, agora nessa sede, se os quiserem ver reconhecidos[132], o mesmo se aplicando aos credores que não tenham reclamado os seus direitos no primeiro processo. E vale depois o regime geral da insolvência, com a sua estrutura e finalidades específicas.

O art. 17.º-G, n.º 7 CIRE, consagra uma exceção. Assim, caso haja já a lista definitiva (o que não sucede, se tiver havido impugnações sem estarem ainda decididas), ela valerá depois no âmbito de um subsequente processo insolvencial, se o processo de revitalização for depois – nos termos da lei – convertido[133] em processo de insolvência (nos

---

[128] Devendo o administrador considerar a lista junta pelo devedor, art. 24.º, n.º 1, al. a), *ex vi* art. 17.º-C, n.º 3, al. b) CIRE – cfr. BERTHA PARENTE ESTEVES, *Da aplicação das normas relativas ao plano de insolvência ao plano de recuperação*, in: II Congresso de direito da insolvência (coord. Catarina Serra), Almedina, Coimbra, 2014, p. 268.

[129] L. CARVALHO FERNANDES/J. LABAREDA, *Código da insolvência e da recuperação de empresas anotado*, cit., p. 156.

[130] Na jurisprudência, o acórdão do TRL de 09.05.2013 (Ondina Carmo Alves), in: www.dgsi.pt.

[131] L. CARVALHO FERNANDES/J. LABAREDA, *Código da insolvência e da recuperação de empresas anotado*, cit. p. 152; FÁTIMA REIS SILVA, *A verificação de créditos no processo de revitalização*, cit., p. 255.

[132] Embora haja que ter em conta o regime do art. 129.º, n.º 1, *in fine*.

[133] Em rigor, não se trata de uma conversão, inicia-se um novo processo, agora de insolvência, requerida pelo administrador, a que o PER é apenso. Ver A. SOVERAL MARTINS, *O P.E.R. (Processo Especial de Revitalização)*, cit., p. 39.

termos do art. 17.º-G, n.º 4 CIRE). O prazo de reclamação de créditos do art. 36.º, n.º 1, al. j) CIRE destinar-se-ia somente à reclamação de créditos não reclamados no PER.

Esta norma deve ser interpretada no sentido de que o credor cujo crédito esteja incluído na lista definitiva não tenha de reclamar novamente o seu crédito. Porém, tal não significa, por um lado, que um credor que tenha reclamado o seu crédito, sem que ele tenha sido reconhecido, esteja impedido de o reclamar no processo insolvencial[134] ou que, por outro lado, que aquele que já tenha o crédito reconhecido, nestes termos, no PER, esteja impedido de o fazer[135], ou, ainda, que esse crédito não esteja sujeito, nos termos gerais, a ser impugnado no processo insolvencial[136-137].

IV. A conformação dos créditos também é diferente. Como não há declaração de insolvência, não se produzem os seus efeitos, como o vencimento antecipado, redução do valor nominal dos créditos (art. 91.º, ns. 1 e 2 CIRE) e sua eventual conversão [art. 96.º, n.º 1, al. a) CIRE].

No que toca às garantias, a hipoteca judicial e a preferência decorrente da penhora não cessam, e os créditos do Estado, das autarquias e da segurança social não perdem os seus privilégios que tutelam os

---

[134] No sentido de que não pode, A. SOVERAL MARTINS, *O P.E.R. (Processo Especial de Revitalização)*, cit., p. 40.

[135] Noutro sentido, sustentando que o credor não poderá voltar a reclamar o seu crédito, o acórdão do TRL de 09.05.2013 (Ondina Carmo Alves), cit.

[136] Neste sentido, L. CARVALHO FERNANDES/J. LABAREDA, *Código da insolvência e da recuperação de empresas anotado*, cit., p. 178; FÁTIMA REIS SILVA, *A verificação de créditos no processo de revitalização*, cit., pp. 262-263.

[137] Noutro sentido, o acórdão do TRP de 4.02.2014 (Anabela Dias da Silva), cit., onde se lê: "Não tendo a ora apelante assim agido [não tendo impugnado], *"sibi imputet"*, sem esquecer as implicações que essa lista poderá vir a ter num eventual e subsequente processo de insolvência. Pois que na ausência de qualquer impugnação a dita lista provisória, foi nos termos legais, por despacho judicial, convertida em definitiva, ficando precludido o eventual direito de qualquer interessado a ver, a mesma lista, ser alterada.".

créditos constituídos mais de 12 meses antes da data do início do processo de insolvência, no caso dos privilégios gerais, ou vencidos mais de 12 meses antes da data do início do processo de insolvência, se se tratar de privilégios especiais [art. 97.º, n.º 1, als. a) e b) CIRE].

Contudo, embora tais efeitos, como se disse, não se verifiquem, é necessário ficcionar a conversão dos créditos e redução do seu valor para o cômputo dos votos do art. 212.º (aplicável *ex vi* do art. 17.º-F, n.º 3 CIRE). Um crédito com vencimento a um mês não vale o mesmo do que um crédito, com o mesmo valor nominal, com vencimento a dois meses.

Não havendo aqui graduação de créditos, ainda assim é necessária a sua qualificação em garantidos, privilegiados, comuns ou subordinados, tendo esta última especial relevo (art. 48.º CIRE), no âmbito da aprovação do plano.

Acresce que, ao contrário do que sucede no âmbito da insolvência, não há efeitos sobre os contratos em curso, o que significa que estes não cessam e que o administrador não poderá escolher entre o cumprimento e o não cumprimento (art. 102.º n.º 1 CIRE)[138].

5.3.1.3. As negociações

I. Os credores que decidam participar nas negociações em curso *declaram-no* ao devedor por carta registada, podendo fazê-lo durante todo

---

[138] A conclusão é clara face ao atual regime. Mas nada obstava a que tivesse sido fixado um a disciplina diversa, como aquele que decorre do art. 169.º-*bis* da *legge fallimentare* (introduzido pela reforma de 2012) em sede de concordata preventiva. Com efeito, o devedor pode solicitar ao tribunal autorização para fazer cessar alguns contratos em curso de execução. A pedido do devedor pode ser autorizada, também, a suspensão do contrato, embora não mais do que sessenta dias, prorrogáveis uma única vez. A contraparte tem direito a ser indemnizada pelos danos sofridos. Este regime não se aplica aos contratos de trabalho, assim como alguns outros previstos na lei (art. 72.º, par. 8, art. 72.º-ter e art. 80.º, par. 1). Cfr. G. F. CAMPOBASSO, *Diritto commerciale 3. Contratti, titoli di credito, procedure concursali*, 5.ª ed., a cura de MARIO CAMPOBASSO, cit., pp. 431-432.

o tempo em que perdurarem as negociações, sendo tais declarações juntas ao processo (art. 17.º-D, n.º 7 CIRE). Para o efeito, tem que ter previamente reclamado os seus créditos.

Se não o fizerem dentro do prazo, já não o podem fazer subsequentemente, pelo que lhes está vedado tomar parte nas negociações. Pelo contrário, um credor que tenha reclamado o seu crédito pode decidir não participar inicialmente, nada obstando, no entanto, que, nos termos referidos, o venha a fazer mais tarde.

II. Os termos das negociações são aqueles que forem acordados pelos intervenientes e, na falta de acordo, fixados pelo administrador, devendo sempre ser observados por todos os intervenientes os princípios orientadores aprovados pela Resolução do Conselho de Ministros n.º 43/2011, de 25 de outubro (art. 17.º-D n.º 10 CIRE)[139].

Nelas participam, para além dos credores, o administrador, que orienta e fiscaliza o decurso dos trabalhos e a sua regularidade, devendo assegurar que as partes não adotam expedientes dilatórios (art. 17.º-D, n.º 9 CIRE), assim como os peritos que os intervenientes entendam ser necessários ou só oportunos.

III. Recai sobre o devedor[140] a prestação de toda a informação que seja relevante ao curso das negociações, tanto ao administrador como aos credores, assegurando a sua transparência. Ela deve ser prestada logo no início das negociações[141], tendo de ser devidamente atualizada durante o seu curso (art. 17.º-D n.º 6 CIRE).

Do ponto de vista material, o devedor terá que fornecer aos credores e ao administrador uma visão precisa da sua situação económica

---

[139] Alguns deles decorrem diretamente da lei e outros, como a boa fé, são princípios gerais do Direito.

[140] Quanto aos deveres dos gestores do devedor nesta fase, ver P. OLAVO CUNHA, *Os deveres dos gestores e dos sócios no contexto da revitalização de sociedades*, cit., pp 226, ss..

[141] Quando não decorrer logo do art. 24.º, n.º 1 [por força do art. 17.º-C, n.º 3, al. b) CIRE].

e financeira[142]. É esse o critério que o deve orientar no cumprimento desse dever. Não é tanto, ou é menos, a quantidade, mas mais a qualidade da informação para se atingir esse resultado.

Decorre do princípio décimo da Resolução do Conselho de Ministros n.º 43/2011, de 25 de outubro (art. 17.º-D, n.º 10 CIRE), que o devedor deverá apresentar, em apoio da sua proposta, um plano de negócios viável e credível, que evidencie a sua capacidade do devedor de gerar fluxos de caixa necessários ao plano de reestruturação.

Esse plano deverá demonstrar que o plano de restruturação não é apenas um expediente para atrasar o processo judicial de insolvência.

Pelo que, se o devedor não o apresentar, ou se os credores entenderem que ele não tem viabilidade, podem recusar-se a continuar as negociações, dando fundadamente conhecimento desse facto ao administrador. Este, se constatar que já não é possível a aprovação do acordo, deverá – como já antes foi observado – encerrar o processo (art. 17.º-G, n.º 1 CIRE)[143].

Como também já se sublinhou, o devedor ou seus administradores, se este for uma pessoa jurídica, são solidária e civilmente responsáveis pelos prejuízos causados aos seus credores em virtude de falta ou incorreção das informações a estes prestadas (art. 17.º-D, ns. 6 e 9 CIRE).

III. O prazo para as negociações é de dois meses, contado desde findo o prazo para as impugnações[144],[145] o qual pode ser prorrogado,

---

[142] É evidente que ela é central para que se alcance o acordo. A lei italiana manifesta uma preocupação muito grande com este aspeto. Ver, p. ex., S. PACCHI, *La quinta etapa de la reforma concursal italiana*, cit., pp. 387, ss..

[143] Devendo o administrador judicial provisório, nos termos dessa disposição, comunicar tal facto ao processo, se possível, por meios eletrónicos e publicá-lo no portal *Citius*.

[144] Art. 17.º-D, n.º 5 CIRE. A impugnação da lista não suspende esse prazo. Neste sentido, o acórdão do TRL de 13.03.2014 (Jorge Leal), in: www.dgsi.pt ("O prazo para a conclusão das negociações no processo especial de revitalização conta-se a partir do final do prazo para apresentação das impugnações da lista provisória dos créditos, não se suspendendo até à decisão das impugnações.")

por uma só vez e por um mês, mediante acordo prévio e escrito entre o administrador judicial provisório nomeado e o devedor, devendo tal acordo ser junto aos autos e publicado no portal *Citius* (art. 17.º-D, n.º 5 CIRE). Evidentemente, sempre – e só – se for de esperar o bom desenlace das negociações.

IV. Participando nas negociações, os credores necessariamente estão vinculados pelo princípio da boa fé[146]. Mas visam a defesa dos seus interesses. O PER tem em vista favorecer, criando as melhores condições, mas não impor, a recuperação de um devedor, *maxime* de um devedor titular de empresa.

Convém não esquecer que quem corre o risco da sua atividade económica (já para não falar dos eventuais erros de gestão) é o devedor, e que ele não o pode transferir para aqueles que com ele contrataram (que, por sua vez, correm também o risco da sua própria atividade e, também, da insolvência dos seus devedores). Esse princípio é estruturante do direito comercial.

Pelo que os credores se podem legitimamente recusar a celebrar qualquer acordo que, por melhor que seja para o devedor, os coloque numa pior situação – real ou simplesmente potencial – que estariam sem ele, como se retira com facilidade do art. 216.º n.º 1, al a) CIRE (o

---

[145] Trata-se de um prazo de caducidade. Ver acórdão do STJ de 8.09.2015 (Fonseca Ramos), in: www.dgsi.pt.

[146] Sobre ao atuação do princípio da boa fé nesta fase, ver Diogo Leite de Campos, *Da responsabilidade do credor na fase de incumprimento*, ROA, 1992, pp. 866, ss..

Quanto a saber se existe, e em que termos, um dever de renegociação, ver Nuno Pinto Oliveira, *Entre código da insolvência e "princípios orientadores": um dever de (re) negociação?*, ROA, 2012, pp. 677, ss.; idem, *Responsabilidade pela perda de uma chance de revitalização?*, in: II Congresso de direito da insolvência (coord. Catarina Serra), Almedina, Coimbra, 2014, pp. 153, ss..

No sentido de que não existe um dever de renegociar, a não ser em "situações--limite", imposto pela boa fé – posição que sufragamos –, A. Menezes Cordeiro, *O princípio da boa-fé e o dever de renegociação em contexto de "situação económica difícil"*, in: II Congresso de direito da insolvência (coord. Catarina Serra), Almedina, Coimbra, 2014, p. 68.

best interest test), a que podem sempre recorrer para se oporem à homologação do plano.

Note-se que de entre os interesses do credor pode estar, para além da maximização do seu crédito, igualmente, dentre outros, a manutenção de um cliente importante, o que o leve a aceitar perdas imediatas que, de outra forma, não se disporia a admitir.

Já é diferente o credor ter os seus interesses devidamente tutelados e obstar a um acordo que permita a revitalização do devedor[147], assim como se se recusar injustificadamente a continuar a negociar, quando tinha criado uma confiança legítima no devedor e nos outros credores nessa continuação. Claramente, nesses casos incorreria numa violação da boa fé[148].

V. O devedor da sua parte também terá, evidentemente, que o observar, colaborando ativamente com os credores para encontrar a melhor solução. Acresce que o devedor os deverá tratar de forma igual, atendendo, no entanto, à especificidade da posição, e da natureza dos créditos de cada um deles[149]. Não poderá ele, igualmente, como decorre do princípio sexto da resolução da Resolução do Conselho de Ministros n.º 43/2011, de 25 de outubro (art. 17.º-D n.º 10 CIRE), praticar qualquer ato que os prejudique ou as suas garantias[150]. Trata-se, em qualquer destes casos, de simples concretizações do princípio da boa fé.

---

[147] Tal pode ocorrer se, entendendo-se que não se aplica ao PER o art. 212.º, n.º 2, al. a) CIRE, um credor que não veja a sua posição afetada pelo acordo, ainda assim, votar contra, impedindo a sua aprovação.

[148] Cfr. D. Leite de Campos, *Da responsabilidade do credor na fase de incumprimento*, cit., p. 867.

[149] Ver o princípio nono da Resolução do Conselho de Ministros n.º 43/2011, de 25 de outubro (art. 17.º-D n.º 10 CIRE).

[150] De forma mais completa: "Durante o período de suspensão, o devedor compromete-se a não praticar qualquer acto que prejudique os direitos e as garantias dos credores (conjuntamente ou a título individual), ou que, de algum modo, afecte negativamente as perspectivas dos credores de verem pagos os seus créditos, em comparação com a sua situação no início do período de suspensão."

5.3.1.4. Os efeitos da nomeação do administrador judicial provisório

I. A nomeação do administrador provisório, como se disse, tem uma importância decisiva neste processo. Ela gera, para além daqueles a que já aludimos[151], três relevantes efeitos, dois deles com vista a proteger o devedor **(i) (ii)** e um outro para tutela dos credores **(iii)**:

(i) A prolação do despacho de nomeação do administrador[152] obsta à instauração de quaisquer ações para cobrança de dívidas contra o devedor e, durante todo o tempo em que perdurarem as negociações, suspende, quanto ao devedor, as ações em curso com idêntica finalidade (art. 17.º-E, n.º 1 CIRE)[153]. Não é claro se se incluem aqui somente as ações executivas ou, também, as declarativas[154]-[156].

A primeira solução, a nosso ver, é a correta. Não sendo embora a letra da lei clara, o aspeto decisivo é, sempre, a sua *ratio*, que aqui con-

---

[151] Cfr. art. 17.º-D, ns. 1 e 2 CIRE.

[152] ISABEL ALEXANDRE, *Efeitos processuais de abertura do processo de revitalização*, in: II Congresso de direito da insolvência (coord. Catarina Serra), Almedina, Coimbra, 2014, p. 240.

[153] Se for aprovado e homologado um plano de insolvência, as ações suspensas extinguem-se. Contudo, como decorre da parte final do art. 17.º-E n.º 1 CIRE, pode ser evitado este resultado, caso o plano preveja a sua continuação.

[154] No sentido da exclusão, o acórdão do TRL de 11.03.2013 (Leopoldo Soares), in: *www.dgsi.pt*: "não se deve considerar que as acções declarativas consubstanciam acções para cobrança de dívidas contra o devedor." Na doutrina: MADALENA PERESTRELO DE OLIVEIRA, *O processo especial de revitalização: o novo CIRE*, cit., pp. 718; P. OLAVO CUNHA, *Os deveres dos gestores e dos sócios no contexto da revitalização de sociedades*, cit., p. 221; ISABEL ALEXANDRE, *Efeitos processuais de abertura do processo de revitalização*, cit., p. 246; MARIA DO ROSÁRIO EPIFÂNIO, *O processo especial de revitalização*, cit., p. 33; N. SALAZAR CASANOVA/D. SEQUEIRA DINIS, *PER, o processo especial de revitalização*, cit., p. 97.

[155] No sentido da inclusão, ver o acórdão TRL de 21/11/2013 (Olindo Geraldes), in: www.dgsi.pt: "a suspensão das ações prevista no n.º 1 do art. 17.º-E do CIRE prevê qualquer ação judicial destinada a exigir o cumprimento de um direito de crédito, resultante do exercício da atividade económica do devedor; o acórdão do

siste em evitar que neste período de tempo o sujeito fique privado dos seus bens no seio de uma execução, o que poderia inviabilizar a sua atividade[156] e, portanto, qualquer recuperação. Basta pensar nos efeitos para a continuação daquela da penhora das contas bancárias do devedor.

As ações declarativas de condenação, pelo contrário, não comportam qualquer prejuízo para a recuperação do devedor. Ao invés, a sua suspensão prejudicaria, de forma desnecessária, o demandante[157]. Portanto, como a *ratio* da norma (o elemento decisivo, reforce-se) não se estende às ações declarativas[158], ela não as abarca, pelo que não se suspendem.[159]

TRC de 27.02.2014 (Ramalho Pinto), in: www.dgsi.pt. Na doutrina: L. Carvalho Fernandes/J. Labareda, *Código da insolvência e da recuperação de empresas anotado*, cit., p. 160; L. Menezes Leitão, *Direito da insolvência*, cit., p. 299, nota 430; Catarina Serra *Revitalização – A designação e o misterioso objecto designado. O processo homónimo (PER) e a suas ligações com a insolvência (situação e processo) e com o Sireve*, cit., 99; J. Aveiro Pereira, *A revitalização económica dos devedores*, cit., p. 3; Ana Prata/J. Morais Carvalho/Jorge Simões, *Código da insolvência e da recuperação de empresas anotado*, cit., p. 64; A. Soveral Martins, *Um curso de direito da insolvência.*, cit., p. 471; Fátima Reis Silva, *Processo especial de revitalização. Notas práticas e jurisprudência recente*, cit., p. 53.

[156] Aponta corretamente este ponto o acórdão do TRL de 11.03.2013 (Leopoldo Soares), cit.: "cujo decurso [da ação executiva] – esse sim – se afigura susceptível de afectar as mencionadas negociações (basta pensar em penhoras de móveis, imóveis, contas bancárias, etc...). Continua: "Agora, só por si, a definição da existência de um crédito e do seu real valor em sede declarativa (nomeadamente através de incidente de liquidação, sendo for caso disso) não se afiguram ter essa potencialidade." Tem razão.

[157] Aliás, não vemos sequer como se poderia sustentar, com a homologação do plano ("extinguindo-se aquelas logo que seja aprovado e homologado plano de recuperação, salvo quando este preveja a sua continuação." – art. 17.º-E, n.º 1, *in fine* CIRE), a extinção das ações em que ainda se está a discutir a existência do crédito. Seria um prejuízo enorme para o demandante.

[158] E nesse sentido vai também o argumento do direito comparado (*rectius*, retirado das figuras próximas de direito comparado, em que o PER se inspirou), onde a limitação se refere às ações executivas. Assim, no direito alemão [§ 270b, (2), e § 21, (2), n.º 3 da *Insolvenzordnung*], no direito italiano [executivas e cautelares: o art. 168.º da

Sendo aprovado e homologado um plano de recuperação, extinguem-se as referidas ações (executivas) suspensas. Contudo, aquele pode prever que elas continuem (art. 17.º-E, n.º 1, *in fine* CIRE)[160].

(ii) Os processos de insolvência em que anteriormente haja sido requerida a insolvência do devedor suspendem-se na data de publicação no portal *Citius* do despacho, desde que não tenha sido proferida sentença declaratória da insolvência, e extinguem-se logo que seja aprovado e homologado plano de recuperação. (art. 17.º-E, n.º 6 CIRE). Embora a lei não o preveja diretamente, por maioria de razão, está vedada a dedução de um pedido de declaração de insolvência nesse período de tempo.

(iii) Ao contrário do que sucede com a declaração de insolvência, que priva o insolvente dos poderes de administração e de disposição dos bens integrantes da massa, esse efeito não se verifica no PER, onde ela nem sequer existe (art. 81.º, n.º 1 CIRE).

Contudo, nomeado o administrador judicial provisório nos termos do art. 17.º-C, n.º 3, al. a), o devedor não pode praticar atos de especial relevo, tal como definidos no art. 161.º do CIRE, sem prévia autoriza-

---

legge fallimentare para a concordata preventiva, e o art. 182.º-bis, par. 3 da *legge fallimentare* para os acordos de restruturação de dívidas], no direito espanhol [*Disposición adicional cuarta* (*Homologación de los acuerdos de refinanciación*), ns. 2 e 3 da *Ley Concursal* – "paralización de ejecuciones singulares"].

[159] A solução no Sireve é diferente. Com efeito, o despacho de aceitação do requerimento de utilização obsta à instauração contra a empresa "de quaisquer ações executivas para pagamento de quantia certa *ou outras ações destinadas a exigir o cumprimento de obrigações pecuniárias*", suspendendo aquelas instauradas contra a empresa que se encontrem pendentes à data da sua prolação (art. 11.º, n.º 2 do Dec.-Lei n.º 178/2012, de 3/8). O que à luz do que se diz em texto, carece de sentido. Agora, também de forma diferente do que sucede com o PER, o efeito de tutela é bem mais limitado (ver art. 11.º, n.º 3 do Dec.-Lei n.º 178/2012, de 3/8). (itálico nosso).

[160] Segundo informa A. SOVERAL MARTINS [*O P.E.R. (Processo Especial de Revitalização)*, cit., p. 25], a segurança social estará a exigir que as ações de executivas pendentes se mantenham suspensas até ao integral cumprimento do plano de pagamento, o que se compreende.

ção do administrador (art. 17.º-E, n.º 2 CIRE), sob pena de ineficácia do ato [art. 81.º n.º 6, art. 34.º, art. 17.º-C, n.º 3, al. a) CIRE].

O art. 161.º, n.º 1 CIRE recorre a um conceito indeterminado – os atos de especial relevo – em cuja concretização se deverá atender, de entre outros aspetos, aos riscos envolvidos e à sua repercussão no que toca à suscetibilidade de recuperação da empresa (art. 161.º n.º 2 CIRE). A lei recorre depois, por razões de segurança, a um elenco exemplificativo de factos que a lei qualifica como de especial relevo. De entre estes inclui-se a venda da empresa, dos estabelecimentos ou da totalidade das existências, dos bens necessários à exploração da empresa, a aquisição de imóveis, a celebração de contratos de execução duradoura e a constituição de garantias [art. 161.º, n.º 3, respetivamente, als. a), b), d), e) e f) CIRE].

A limitação introduzida não constrange especialmente o devedor[161], que pode gerir com grande amplitude a sua empresa, estando-lhe somente vedados atos que não se incluem já, na maioria dos casos, no seu regular e ordinário curso de negócios.

Diga-se, por fim, que o pedido de autorização terá de ser feito por escrito (art. 17.º-E, n.º 3 CIRE) e entre ele e a receção da resposta, também por escrito, do administrador não podem mediar mais de cinco dias, devendo sempre que possível recorrer-se a comunicações eletrónicas (art. 17.º-E, n.º 4 CIRE). Caso o administrador nada diga, o seu silêncio vale como recusa (art. 17.º-E, n.º 5 CIRE).

5.3.1.5. A conclusão das negociações

I. Concluídas as negociações, haverá, ou não, acordo, e, no primeiro caso, terá que se distinguir conforme ele tenha sido aprovado unanimemente por todos os credores, ou só por alguns deles.

A lei portuguesa, para além de ter afastado a necessidade de a recuperabilidade da empresa ser atestada por um perito externo logo no início do processo, também não criou um controlo "final" deste

---

[161] Noutro sentido, CATARINA SERRA, *Processo especial de revitalização – contributos para uma "rectificação" –*, cit., p. 728.

aspeto. Fez mal. O plano pode simplesmente ter sido aprovado por credores que sabem que não têm nada a perder, porque pouco ou nada receberiam na insolvência.

5.3.1.5.1. A existência de acordo

I. Como acabou de se dizer, importa distinguir os casos em que o acordo é aprovado por unanimidade, daquelas em que não o é.

Concluindo-se as negociações com a aprovação unânime de plano de recuperação conducente à revitalização do devedor, em que intervenham todos os seus credores, ele deve ser assinado por todos, sendo de imediato remetido ao processo, para homologação ou recusa da mesma pelo juiz, acompanhado da documentação que comprova a sua aprovação, atestada pelo administrador judicial provisório nomeado (art. 17.º-F, n.º 1 CIRE).

II. Não sendo o plano aprovado por unanimidade, ele terá que ser aprovado, pelas maiorias previstas no art. 17.º-F, n.º 3 CIRE. Esta norma foi profundamente alterada pelo Dec.-Lei n.º 26/2015, de 6/2 (art. 4.º). Começaremos por expor o regime pregresso, que suscitava bastantes dúvidas, passando depois a analisar aquele em vigor.

5.3.1.5.1.1. O regime pregresso

I. Na disciplina anterior, o plano tinha que ser aprovado, pelo menos, pela maioria prevista no art. 212.º, n.º 1 CIRE (para o qual remetia o art. 17.º-F, n.º 3 CIRE).

O art. 212.º, n.º 1 CIRE[162] prevê um quórum constitutivo e um quórum deliberativo. O primeiro exige que estejam presentes ou repre-

---

[162] A lei remetia só para o art. 212.º, n.º 1 e não já para o n.º 2, onde se prevêem aqueles créditos que não conferem direito a voto. Trata-se da posição quase unânime na doutrina.

Todavia, era sustentado, com argumentos ponderosos, que os créditos incluídos na lista que não tenham sido modificados pela parte dispositiva do plano, não tinham

sentados na reunião credores cujos créditos constituam, pelo menos, um terço do total dos créditos com direito de voto[163]. O segundo, que essa proposta recolha mais de dois terços da totalidade dos votos emi-

direito de voto, no acórdão do TRL de 23.01.2014 (Maria José Mouro), in: www.dgsi. pt. Aí se lê: "...o quórum deliberativo tem como base a supra referida lista mas é delimitado negativamente pelo nº 2 do art. 212 que concretiza a quem não é conferido direito de voto." Continua: "Efectivamente, nesta perspectiva, a aplicação do n.º 1 do art. 212 pressupõe a consideração do n.º 2 do mesmo artigo." – itálico no original). Na doutrina, A. SOVERAL MARTINS, *O P.E.R. (Processo Especial de Revitalização)*, cit., p. 35, nota 38. Isto porque, aponta este Autor, o art. 17.º-F, n.º 5, CIRE manda aplicar "com as necessárias adaptações as regras vigentes em matéria de aprovação e homologação do plano de insolvência previstas no título ix, em especial o disposto nos artigos 215.º e 216.º". Mais recentemente, N. SALAZAR CASANOVA/D. SEQUEIRA DINIS, *PER, o processo especial de revitalização*, cit., p. 137.
Entendíamos que era a posição correta, tendo em conta a linha argumentativa do muito bem fundado acórdão do TRL de 23.01.2014 (Maria José Mouro), cit., articulada com o que se retira do art. 17.º-F, n.º 5, CIRE (a que, aliás, esse acórdão também recorre).
 O argumento de fundo, no entanto, teria que vir de outro lado. Ele radica na inexistência de uma razão específica ligada ao PER que imponha um tratamento diverso daquele previsto no plano de insolvência. Isto é: não se vislumbra aqui um interesse específico que se vise proteger nesta figura relativamente àqueles tidos em conta no plano de insolvência. Valendo assim a valoração que se retira do art. 212.º, n.º 2 CIRE, ou seja, aquele que não sofre um prejuízo na sua posição em virtude do plano – que lhe é assim neutral – também não deve poder decidir sobre a sua aprovação, uma vez que ele não a belisca, não poderá deixar de se tratar igualmente o que é, neste ponto, igual.
Uma última palavra para sublinhar que uma outra posição poderá conduzir a resultados chocantes. Como justamente o caso em apreço no citado acórdão do TRL em que o plano não foi aprovado com os votos de um credor hipotecário cujo direito não foi afetado pelo mesmo. Embora também se pudesse dizer, neste caso, que a atuação desse credor foi abusiva.
[163] Nos termos do art. 77.º CIRE, em regra não se exige quórum constitutivo para a assembleia de credores ("seja qual for o número de credores presentes ou representados, ou a percentagem dos créditos de que sejam titulares"). Para além disso, decorre da mesma disposição que as deliberações da assembleia de credores são, em regra, tomadas pela maioria dos votos emitidos, não se considerando como tal as abstenções.

tidos e mais de metade dos votos emitidos correspondentes a créditos não subordinados, não se considerando como tal as abstenções. Trata-se, pois, de uma dupla maioria.

Pese embora doutrina[164] e jurisprudência[165] em sentido contrário que sustentavam a aplicação aqui do quórum constitutivo e deliberativo do art. 212.º, n.º 1 CIRE, entendíamos que só este último se aplicava à aprovação do acordo no seio do PER (sendo, pois, exigida a dupla maioria aí prevista)[166].

Em primeiro lugar, não há no PER, ao contrário do que sucede no plano de insolvência, uma assembleia de credores (art. 209.º CIRE – para discutir e votar a proposta de plano de insolvência), sendo ela pressuposta pela regra do art. 212.º CIRE.

Por outro lado, o sentido da remissão para o art. 211.º, n.º 1 CIRE era só para o quórum de deliberação, calculado, agora, nos termos do art. 17.º-F, n.º 3 CIRE, ou seja, com base nos créditos relacionados contidos

---

[164] CATARINA SERRA, *O direito português da insolvência*, cit., p. 180; ANA PRATA/J. MORAIS CARVALHO/JORGE SIMÕES, *Código da insolvência e da recuperação de empresas anotado*, cit., p. 67; N. SALAZAR CASANOVA/D. SEQUEIRA DINIS, *PER, o processo especial de revitalização*, cit., p. 131. Analisando o problema, mas não tomando posição, A. SOVERAL MARTINS, *O P.E.R. (Processo Especial de Revitalização)*, cit., pp. 34-35.

[165] Acórdão do TRG de 1.10.2013 (Fernando Fernandes Freitas), in: www.dgsi.pt. Aí se lê. "Porque o que releva é o interesse dos credores, a aprovação do plano, não estando, embora, sujeita ao voto unânime de todos eles, exige que pelo menos alguns, que representem uma terça parte do total dos créditos, se tenham apresentado a votar, como resulta do disposto no n.º 1 do art. 212.º, ex vi do n.º 3 do art. 17.º-F, do Código da Insolvência e da Recuperação de Empresas (CIRE). Assim, a assembleia deliberativa há-de ser composta por um número de credores que representem, pelo menos, um terço do total dos créditos com direito de voto. Já a aprovação do plano fica sujeita à votação favorável de mais de 2/3 (dois terços) dos créditos que compuseram a assembleia deliberativa, e daqueles, mais de metade não podem ser créditos subordinados."

[166] Neste sentido: L. CARVALHO FERNANDES/J. LABAREDA, *Código da insolvência e da recuperação de empresas anotado*, 2.ª edição, Quid Juris, Lisboa, 2013, p. 175; FÁTIMA REIS SILVA, *Processo especial de revitalização. Notas práticas e jurisprudência recente*, cit., pp. 60-61; BERTHA PARENTE ESTEVES, *Da aplicação das normas relativas ao plano de insolvência ao plano de recuperação*, cit., p. 270.

na lista de créditos elaborada pelo administrador (prevista no art 17.º-D, ns. 3 e 4 CIRE, art. 17.º-F n.º 3 CIRE).

Se se tivesse pretendido consagrar outro resultado, ou seja, aplicar aqui na totalidade o regime do art. 212.º, n.º 1, ter-se-ia simplesmente remetido para essa norma, com as devidas adaptações.

Note-se, ainda, neste quadro, que o juiz podia computar os créditos que tivesssem sido impugnados, se considerasse que havia probabilidade séria de tais créditos virem a ser reconhecidos, caso a questão ainda não se encontrasse decidida (art 17.º-F, n.º 3 CIRE), regime esse completado pela aplicação por analogia do art. 73.º n.º 4 CIRE[167].

5.3.1.5.1.2. O regime atual

I. O plano tem agora que ser aprovado, alternativamente, por uma das maiorias previstas nas alíneas a) e b) do art. 17.º-F CIRE.

Vejamos cada uma delas.

No primeiro caso, o plano tem que ter votado credores que representem, pelo menos, um terço dos créditos relacionados com direito a voto, contidos na lista de créditos, referida no art. 17.º-D, ns. 3 e 4. Não conferem direito de voto os créditos previstos no art. 212.º, n.º 2 CIRE, regra que esta disposição tem necessariamente por base[168]. Aí se definem, pela negativa, os créditos que tem direito de voto. Neste quadro revestem especial relevo aqueles que não sejam modificados na parte dispositiva do plano.

Depois, é preciso que a proposta de plano reúna o voto favorável mais de dois terços da totalidade de votos emitidos, sendo ainda necessário que mais metade dos votos emitidos corresponda a créditos não subordinados, não se considerando como tal as abstenções.

---

[167] Neste sentido, L. CARVALHO FERNANDES/J. LABAREDA, *Código da insolvência e da recuperação de empresas anotado*, (2.ª ed., 2013), cit., p. 173, p. 175.

[168] Sustentando a sua aplicação, A. SOVERAL MARTINS, *Um curso de direito da insolvência*, cit., p. 490; MARIA DO ROSÁRIO EPIFÂNIO, *O processo especial de revitalização*, cit., p. 62.

RECUPERAÇÃO DE EMPRESAS: O PROCESSO ESPECIAL DE REVITALIZAÇÃO

Repare-se que não se exige que seja aprovada por uma maioria de votos de credores não subordinados (como sucede, como se viu, no caso do art. 212.º CIRE). Basta que mais de metade dos votos emitidos, independentemente do seu sentido, corresponda a créditos não subordinados. Não há, pois, uma dupla maioria de aprovação.

II. No segundo caso, o plano tem que ter o voto favorável de credores cujos créditos representem mais de metade da totalidade dos créditos relacionados com direito de voto, calculados nos termos da alínea a), e, adicionalmente, mais de metade desses votos tem que corresponder a créditos não subordinados, não se considerando como tal as abstenções. Aqui é efetivamente, ao contrário do que sucede na alínea a), exigida uma dupla maioria.

III. Tal como sucedia no regime anterior, o juiz pode computar no cálculo das maiorias os créditos que tenham sido impugnados, se entender que há probabilidade séria de estes serem reconhecidos, aplicando-se, de idêntica forma ao regime pregresso, o art. 73.º n.º 4 CIRE por analogia.

IV. A votação efetua-se por escrito, aplicando-se-lhe o disposto no artigo 211.º CIRE (*ex vi* art. 17.º-F, n.º 4 CIRE), com as necessárias adaptações, sendo os votos remetidos ao administrador judicial provisório, que os abre em conjunto com o devedor e elabora um documento com o resultado daquela (art. 17.º-F, n.º 4 CIRE). Os créditos conferem um voto por cada euro ou fração (art. 73.º, n.º 1 CIRE, por analogia[169]) e o voto tem sempre que conter a aprovação ou rejeição da proposta de plano (qualquer proposta de modificação deste ou condicionamento do voto implica rejeição da proposta – art. 211.º, n.º 2, *ex vi*, art. 17.º-F, n.º 4 CIRE).

---

[169] J. COUTINHO DE ABREU, *Curso de direito comercial*, vol. I, cit., p. 339.

V. Sendo o plano aprovado nos termos referidos, de seguida, o juiz homologará ou não, o plano, aplicando, aqui com as devidas adaptações, as regras relativas à aprovação e homologação do plano de insolvência (previstas no título ix), "em especial o disposto nos artigos 215.º e 216.º." (art. 17.º-F, n.º 5 CIRE)[170].

A decisão do juiz "vincula os credores, mesmo que não hajam participado nas negociações" (art. 17.º-F, ns. 5 e 6 CIRE), e é notificada, publicitada e registada pela secretaria do tribunal, nos termos dos artigos 37.º e 38.º CIRE. Resta saber se vincula só os credores cujos créditos integrem a lista, mesmo sem terem participado nas negociações, como a letra da lei parece sugerir, ou se abrange igualmente os credores que não o fizerem, por não terem reclamado.

A solução correta é esta última. O sentido da norma é criar condições para a recuperação do devedor, o que implica sacrifícios a serem suportados por todos eles, sem se poderem eximir os que não tenham reclamado os seus créditos. Não faria sentido afastar dos seus efeitos aqueles que não constassem da lista, porque não reclamaram os seus créditos[171]. Dessa forma, para além de se violar claramente o princípio da igualdade, seria na prática um convite à não reclamação dos créditos, que é o oposto ao que se pretende com o PER.

VI. Esta figura, que permite estender os efeitos do acordo a terceiros credores que não o hajam subscrito, denomina-se *cram down*. É um instrumento particularmente importante, porque permite evitar a concessão de um direito de veto a um credor minoritário que

---

[170] Ver o acórdão do TRG de 20.02.2014 (Jorge Teixeira), cit.

[171] Neste sentido: Fátima Reis Silva, *A verificação de créditos no processo de revitalização*, cit., p. 262; Bertha Parente Esteves, *Da aplicação das normas relativas ao plano de insolvência ao plano de recuperação*, cit., p. 274. Na jurisprudência, o acórdão do TRG de 2.05.2013 (Antero Veiga), cit.

Noutro sentido, Catarina Serra, *Entre o princípio e os princípios da recuperação de empresas (um work in progress)*, cit., p. 84.

se serve dessa posição para procurar obter para si vantagens relativamente aos outros.[172]

5.3.1.5.2. A inexistência de acordo

I. Se o devedor ou a maioria dos seus credores concluírem antecipadamente não ser possível alcançar o acordo, ou decorra o prazo (do art. 17.º-D, n.º 5 CIRE), para concluir as negociações sem que ele seja concluído, o processo negocial é encerrado, devendo o administrador judicial provisório comunicar esse facto ao processo (se possível por meios eletrónicos) e publicá-lo no *Citius* (art. 17.º-G, n.º 1 CIRE). Embora a lei não o diga, o mesmo regime se deve aplicar aos casos em que o plano não seja aprovado[173].

O processo é também ser encerrado se o devedor desistir. Com efeito, este pode pôr termo às negociações a todo o tempo, independentemente de causa, seguindo o procedimento previsto no art. 17.º--G, n.º 5 CIRE.[174]

---

[172] Na *Ley concursal* visou-se a introdução desta figura, embora num âmbito mais restrito. Trata-se dos acordos de refinanciamento homologados, previstos na *Disposición adicional cuarta* da *Ley concursal*. Ver sobre eles, muito desenvolvidamente, J. PULGAR EZQUERRA, *Preconcursualidad y acuerdos de refinanciación. Adaptado a la Ley 38/2011, de 10 de octobre, de reforma de la ley concursal*, cit., pp. 249, ss ; idem, «*Acuerdos de refinanciación y escudos protectores*» en la reforma de la *Ley Concursal española 22/2003*, LA LEY 7731/2011, pp. 9, ss..

[173] Ou aprovado, mas não homologado. Esta solução está diretamente prevista para a outra modalidade do PER (art. 17.º-I, n.º 5 remete com as necessárias adaptações o disposto nos ns. 2 a 4 e 7 do art. 17.º-G CIRE), não havendo qualquer razão para não se aplicar aqui. Sustentando justamente a aplicação do art. 17.º-G a estes casos por interpretação extensiva, MARIA DO ROSÁRIO EPIFÂNIO, *Manual de direito da insolvência*, cit., p. 281. Parece mais correto, no entanto, entender que se trata de uma lacuna a ser preenchida nesses termos. Sustentando essa via (embora não deixe de se interrogar sobre a aplicação direta do art. 17.º-G, n.º 3 CIRE – o que nos parece forçado), A. SOVERAL MARTINS, *O P.E.R. (Processo Especial de Revitalização)*, cit., p. 32.

[174] Terá de comunicar essa pretensão ao comunicar tal pretensão ao administrador judicial provisório, a todos os seus credores e ao tribunal, por meio de carta regis-

II. Haverá depois que distinguir consoante o devedor esteja ou não insolvente.

Neste último caso, cessam meramente os efeitos do processo e o devedor não pode recorrer a este instrumento nos dois anos seguintes (art. 17.º-F, ns. 2 e 6 CIRE). O que se compreende bem dadas as limitações que o recurso a esta figura impõe aos credores e, principalmente, como forma de evitar um recurso abusivo a ela.

Se já estiver insolvente, deverá ser declarada a sua insolvência.

5.3.1.5.2.1. A declaração de insolvência do devedor

I. Encerrado o processo negocial, o administrador deve comunicar tal facto ao processo. Nessa comunicação ele deverá igualmente, após ouvir o devedor e os credores, emitir o seu parecer sobre se aquele se encontra em situação de insolvência e, em caso afirmativo, requerer a sua insolvência, aplicando-se o regime do art. 28.º CIRE (da apresentação do devedor à insolvência), com as necessárias adaptações, sendo o processo especial de revitalização apenso ao processo de insolvência (art. 17.º-G n.º 4 CIRE).

A insolvência deve ser declarada pelo juiz no prazo de três dias úteis, contados a partir da receção pelo tribunal da referida comunicação (art. 17.º-G n.º 3 CIRE). Não há contraditório.

II. Esta regra – para além de escusada – é, se interpretada literalmente, inconstitucional[175], por violação do art. 20.º, n.º 4 CRP (necessidade de ser observado um processo equitativo[176])[177]. O tribunal não pode declarar um sujeito insolvente – com a enorme gravidade, tanto

---

tada, aplicando-se, com as necessárias adaptações, o disposto nos números 1 a 4 do art. 17.º-G CIRE.

[175] Como aponta A. SOVERAL MARTINS, *O P.E.R. (Processo Especial de Revitalização)*, cit., p. 38.

[176] "Todos têm direito a que uma causa em que intervenham seja objecto de decisão em prazo razoável e mediante processo equitativo."

[177] Assim, A. SOVERAL MARTINS, *O P.E.R. (Processo Especial de Revitalização)*, cit., p. 38.

em termos legais como económicos e sociais, que tal declaração comporta –, sem o ouvir.

Haverá em primeiro lugar que realizar uma interpretação desta disposição que seja conforme à Constituição, respeitando-se sempre a necessidade de o devedor ser ouvido, e retirando as devidas consequências da declaração que faz ao administrador. Somos auxiliados pela remissão para o art. 28.º CIRE, que diz respeito à apresentação do devedor à insolvência[178].

Entendemos que o regime do art. 17.º-G, n.º 4 CIRE só pode ser aplicado quando o devedor na consulta que lhe é feita pelo administrador reconheça a sua situação de insolvência. Quando não for assim, mas o administrador entender que ele está insolvente, terá que se passar integralmente para o regime do processo insolvencial, com a faculdade de oposição do devedor (art. 30.º CIRE), podendo a insolvência, vir, ou não, posteriormente a ser declarada[179].

A possibilidade de impugnação da sentença por via dedução de embargos ou recurso, como forma de assegurar em momento subsequente a defesa do devedor,[180] não é suficiente, porque o devedor já foi declarado insolvente, com o prejuízo que daí decorre.

O administrador deve, por isso, comunicar ao juiz no seu relatório se o devedor reconhece ou não a sua situação de insolvência. Só no primeiro caso, se aplica então o disposto no art. 17.º-G, n.º 3 CIRE.

---

[178] "A apresentação à insolvência por parte do devedor implica o reconhecimento por este da sua situação de insolvência, que é declarada até ao 3º dia útil seguinte ao da distribuição da petição inicial ou, existindo vícios corrigíveis, ao do respectivo suprimento."

[179] Propugnando esta solução, o acórdão do TRP de 26.03.2015 (Leonel Serôdio), in: www.dgsi.pt. E, muito recentemente, o acórdão do STJ de 17.11.2015 (Júlio Gomes), in: www.dgsi.pt ("Necessário se torna que haja um comportamento do devedor equiparável à sua apresentação à insolvência, como seja ter o devedor manifestado a sua concordância com o parecer do administrador, verificado o insucesso das negociações").

[180] Como sustentam: MARIA DO ROSÁRIO EPIFÂNIO, *O processo especial de revitalização*, cit., p. 77; N. SALAZAR CASANOVA/D. SEQUEIRA DINIS, *PER, o processo especial de revitalização*, cit., p. 165.

5.3.2. O acordo extrajudicial

I. O processo especial de revitalização pode iniciar-se já pela apresentação pelo devedor de acordo extrajudicial de recuperação, previamente negociado com os seus credores. Esta figura visa consagrar no direito pré insolvencial português a figura dos *pre-packs*, ou seja de acordos já negociados entre o devedor e os seus credores que vêm depois a ser sujeitos depois a homologação judicial, como sucede com os acordos de restruturação de dívidas do direito italiano (*accordi di ristrutturazione dei debiti*)[181].[182]

---

[181] Podem a eles recorrer os empresários em "estado de crise" (*stato di crisi*), depositando a documentação prevista para a concordata preventiva (art. 161.º da *legge fallimentare*) e requerendo ao tribunal a homologação do acordo a que tenham chegado com credores que representem pelo menos 60% dos créditos. Esse acordo tem que ser acompanhado de um relatório de um profissional independente sobre veracidade dos dados da empresa por ele apresentados e a viabilidade (*attuabilità*) daquele, com especial referência à sua idoneidade para assegurar o pagamento integral dos créditos dos credores que não o tenham subscrito, nos termos das alíneas a) e b) do art. 182.º-*bis*, 1.º parágrafo. O acordo é publicado no registo das empresas e produz efeitos no dia da sua publicação. Dentre 30 dias depois dela, os credores e qualquer outro interessado podem deduzir oposição, que o tribunal decide (art. 182-*bis*, parágrafos 2, 3 e 4 da *legge fallimentare*).
A subsequente homologação do acordo produz meramente efeitos entre as partes e, em princípio, não face a terceiros. Não há aqui um *cram down* (como a concordata preventiva, p. ex., admite). Homologado produz efeitos (embora mesmo que não o seja os possa produzir, ver A. MAFFEI ALBERTI/G. GUERRIERI, *Il concordato preventivo. Gli accordi di ristrutturazione dei debiti*, cit., p. 582).
A lei tutela estes acordos, com os referidos – conforme já referido – "escudos protetores" em termos semelhantes aos da concordata preventiva, quanto ao financiamento (art. 182-*quater* e art. 182-*quinquies* da *legge fallimentare*), à revogatória falimentar (art. 67, 3.º parágrafo da *legge fallimentare*) e à tutela face às ações executivas. No que diz respeito a este último aspeto, desde a data da publicação e pelo período de sessenta dias, os "credores por título e causa anterior" a ela não poderão iniciar ou prosseguir "ações cautelares ou executivas" sobre o património do devedor. A proteção pode ser alargada se o devedor, dentro de determinados condicionalismos (onde se inclui a apresentação de um projeto de acordo), a requerer ainda na fase

A publicidade nestes casos é reduzida ao mínimo. Os acordos são negociados entre devedor e, pelo menos, os seus principais credores, sem exposição pública.

O recurso a tribunal é necessário para obter os efeitos protetores do PER quanto aos negócios celebrados, as garantias prestadas e financiamento concedido, bem como – de grande importância – para estender os seus efeitos aos credores dissidentes (agora ao contrário dos referidos acordos de restruturação de dívidas do direito italiano, que não o prevêem[183]), o *cram down*.

II. O regime desta modalidade de PER está previsto no art. 17.º-I CIRE, sendo composto por um conjunto muito amplo de remissões para as regras do acordo obtido no seio do processo.

Conforme se referiu, e de forma resumida, o processo inicia-se com a apresentação pelo devedor do acordo extrajudicial, assinado por ele e por credores que representem "pelo menos a maioria de votos prevista no n.º 1 do artigo 212.º CIRE", mas sendo o conjunto dos credores determinado, nesta fase, pela relação junta pelo devedor [art. 24.º, n.º 1, al. a) CIRE][184]. Este tem ainda que apresentar, para além dela, os

---

das negociações, antes de o acordo ser formalizado (art. 182-*bis*, parágrafos 6, 7 e 8 da *legge fallimentare*).

Sobre eles, ver: Alfonso Castiello D'antonio, *Acuerdos de reestructuración: nueva financiación preconcursal y fresh money en derecho italiano*, RDCPC, 2011, pp. 503, ss.; A. Maffei Alberti/G. Guerrieri, *Il concordato preventivo. Gli accordi di ristrutturazione dei debiti*, cit., pp. 581, ss; S. Pacchi, *La quinta etapa de la reforma concursal italiana*, cit., pp. 378, ss..

[182] E, de forma mais limitada, a salvaguarda financeira acelerada (*procédure de sauvegarde financière accélérée*, arts. L 628-1 e segs. do *Code de Commerce*), de 2011, ou o "*prepack* à francesa" – Françoise Pérochon, *La prevención de la crisis en derecho francês*, RDCPC, 2011, pp. 516, ss..

[183] Ver nota anterior. Mas que os acordos homologados do direito espanhol, já, embora em termos limitados, permitem.

[184] Cfr. L. Carvalho Fernandes/J. Labareda, *Código da insolvência e da recuperação de empresas anotado*, cit., p. 182.

outros documentos elencados no art. 24.º, n.º 1 CIRE e a declaração prevista no art. 17.º-A, n.º 2 (*ex vi* do art. 17.º-I, n.º 1 CIRE).

III. De seguida, o juiz nomeia o administrador judicial provisório (aplicando-se o previsto nos arts. 32.º a 34.º, com as necessárias adaptações), devendo a secretaria notificar os credores constantes da lista de créditos relacionados pelo devedor, que não intervieram no acordo, da sua existência, ficando esta patente na secretaria do tribunal para consulta.

A nomeação daquele desencadeia os efeitos antes referidos no que toca às ações executivas, ao processo de insolvência e à necessidade de autorização do administrador para a prática de atos de especial relevo (art. 17.º-E, *ex vi* art. 17.º-I, n.º 6 CIRE).

Há, depois, que aplicar o art. 17.º-D, ns. 2 a 4 CIRE com as necessárias adaptações (art. 17.º-I, n.º 3 CIRE). Daqui decorre o seguinte: os credores têm de reclamar os créditos; o administrador deverá elaborar a lista provisória, que, de seguida, a secretaria deverá publicar no *Citius* [art. 17.º-I, n.º 2, al. b) CIRE]. Ela poderá, nos termos anteriormente vistos, ser impugnada, convertendo-se, posteriormente, em definitiva (art. 17.º-D, ns. 2 a 4 *ex vi* do art. 17.º-I, n.º 3 CIRE)[185].

Logo que tal suceda (isto é: a lista provisória passe a definitiva), o juiz procede, no prazo de 10 dias, à análise do acordo extrajudicial, devendo homologá-lo se for aprovado pela maioria[186] "prevista no n.º 3 do art. 17.º-F", a não ser que se verifique um dos fundamentos da não homologação do art. 215.º ou do 216.º CIRE (art. 17.º-I, n.º 4 CIRE). Caso o juiz não homologue o acordo, aplica-se com as necessárias adaptações o disposto nos n.os 2 a 4 e 7 do artigo 17.º-G (art. 17.º-I, n.º 5 CIRE).

Verifica-se, igualmente, a tutela das garantias e da disponibilização do capital para a revitalização (art. 17.º-H CIRE), assim como os efeitos de vinculação dos outros credores ao acordo (art. 17.º-F, n.º 6

---

[185] Remete-se aqui para ao anteriormente exposto sobre esta matéria.

[186] Com a alteração ao art. 17.º-F, n.º 3, pelo Dec.-Lei n.º26/2015, de 6/2, a remissão será para qualquer das maiorias aí previstas.

CIRE, *ex vi* art. 17.º-I, n.º 6 CIRE). A sentença é notificada, publicitada e registada pela secretaria do tribunal nos termos do art. 37.º a 38.º CIRE (art.17.º-I, n.º 6 CIRE).

Não é necessário, ao contrário do que sucede com figuras próximas de outros ordenamentos (p. ex., os já referidos *accordi di ristruttura-zione dei debiti* – art. 182.º-*bis* da *legge fallimentare*[187]), um parecer técnico sobre a exequibilidade do acordo.

6. As providências de revitalização

I. As providências de recuperação visam revitalizar o devedor, ou recuperar a empresa integrada na massa. Nada obsta a que se combinem, tanto a primeira, como a segunda. De todo o modo, em termos analíticos distinguiremos os principais instrumentos que permitem alcançar o primeiro desiderato, e aqueles que conduzem ao segundo. O financiamento e as garantias em especial serão vistos em número próprio, com amplo desenvolvimento.

6.1. As providências incidentes sobre o passivo do devedor

I. O devedor pode estar ou em situação económica difícil ou em insolvência iminente. Recordemos as noções.

No primeiro caso, enfrenta uma "dificuldade séria para cumprir pontualmente as suas obrigações, designadamente por ter falta de

---

[187] Nos termos desta norma, com o pedido de homologação do acordo o devedor (empresário) deve depositar também um relatório realizado por um profissional (*relazione redatta da un professionista*) independente inscrito no registo dos revisores legais e que reúna os requisitos previsto no art. 28, a) e b) da *legge fallimentare* [art. 67.º, parágrafo 3, d) da *legge fallimentare*] sobre a veracidade dos dados empresariais e sobre exequibilidade (*attuabilità*) do acordo, em particular quanto à sua idoneidade para assegurar os credores estranhos a ele, nos termos aí referidos. Cfr., sobre este último, GERARDO VILLANACCI/ANDREA COEN, *La gestione della crisi di impresa e i piani attestati di risaniamento ai sensi dell'art. 67, 3 comma lett. D) legge fallim*, Dir. Fall, 2013, pp. 120, ss..

liquidez ou por não conseguir obter crédito.". Na segunda, previsivelmente não estará em posição de cumprir as suas obrigações no momento em que elas vierem a vencer-se.

Pelo que se não for alterado o passivo, ou por redução das dívidas ou pela extensão de prazos, ou incrementado o ativo líquido, pela venda de bens da empresa, eventualmente de estabelecimentos que lhe pertençam, pelo crédito adicional concedido nesta fase, ela não irá poder cumprir, ou há um elevado grau de probabilidade de não o vir a fazer.

II. Começamos pela restruturação do passivo. Em regra, é o que devedor pretende[188], o que vale dizer, a redução do esforço financeiro necessário para a manutenção da atividade. Ele, aliás, combinado eventualmente com outras medidas, é um elemento essencial para a recuperação do devedor. Os esforço financeiro deste tem que sofrer uma diminuição considerável, para poder continuar a cumprir.

Há um conjunto diverso de providências que podem ser tomadas.

Os meios mais comuns são o perdão, a redução de créditos, quer quanto ao capital, quer quando aos juros, a extensão de prazos de vencimento das obrigações pré-existentes. Quanto aos dois primeiros pode ou não acordar-se uma cláusula de "salvo regresso de melhor fortuna". É ainda possível condicionar o reembolso dos créditos, ou alguns deles, às disponibilidades do devedor.

Pode, ainda, recorrer-se à dação em pagamento de alguns dos bens da organização empresarial, como forma de extinção de obrigações.

Trata-se, aliás, de um conjunto de medidas previstas já, exemplificativamente, na lei para o plano de insolvência (art. 196.º CIRE) e, em regra, há uma combinação de algumas delas.

---

[188] Como decorre, aliás, com clareza dos princípios da Resolução do Conselho de Ministros n.º 43/2011, de 25 de outubro (art. 17.º-D n.º 10 CIRE Aí se lê: "Uma negociação extrajudicial bem sucedida tem, assim, como resultado final um plano de reestruturação da dívida acordado entre devedor e credores, assente na redefinição dos prazos de pagamento ou até no perdão de parte da dívida, e que permite ao devedor manter-se em actividade sem interrupções."

III. Como muita da dívida consiste, em regra, na amortização de empréstimos bancários, uma das medidas mais comuns consiste em reduzir o valor das amortizações desses empréstimos no curto/médio prazo, ficando o devedor só a pagar os juros, sem que a obrigação em si sofra uma redução (e, nessa medida, o ativo do próprio banco seja atingido).

IV. Articulando estas medidas com os meios de tutela dos credores, importa ter em conta que aqui não opera a proteção de dinheiro novo, porque não há, em rigor, introdução de novo capital. Também não estarão incluídos na tutela das garantias[189] do art. 17.º-H, n.º 1 CIRE. Na verdade, as garantias convencionadas para gozarem da proteção aí concedida tem que ter como "finalidade proporcionar àquele os necessários meios financeiros para o desenvolvimento da sua actividade" e não de *condições* financeiras, o que permitira cobrir os meios de recuperação referidos.

Acresce que a lei espanhola, que o legislador português conhecia bem, distingue entre concessão de crédito e a criação de outras condições financeiras que permitam a recuperação do devedor, onde se incluem, de entre outros, a modificação das obrigações, prorrogação do prazo e obrigações constituídas em substituição das anteriores[190].

---

[189] Quanto à proteção do financiamento, ver número seguinte em texto.

[190] Com efeito, no art. 71.º, 6, da *Ley Concursal* ao tutelar os acordos de refinanciamento dispõe: "No podrán ser objeto de rescisión los acuerdos de refinanciación alcanzados por el deudor, así como los negocios, actos y pagos, cualquiera que sea la forma en que se hubieren realizado, y las garantías constituidas en ejecución de tales acuerdos, cuando en virtud de éstos se proceda, al menos, a la ampliación significativa del crédito disponible *o a la modificación de sus obligaciones, bien mediante prórroga de su plazo de vencimiento o el establecimiento de otras contraídas en sustitución de aquéllas, siempre que respondan a un plan de viabilidad que permita la continuidad de la actividad profesional o empresarial en el corto y medio plazo y que con anterioridad a la declaración del concurso."* (itálico nosso).

A extensão decorrente da segunda parte da norma – que a lei nacional não fez – permite à doutrina afirmar que a lei espanhola não adotou uma "opção marcadamente

Daqui parece resultar que o legislador português seguiu uma via restritiva. Havendo novos meios destinados ao desenvolvimento da atividade do devedor, *maxime* um mútuo, as garantias concedidas para a tutela desses créditos estarão tuteladas, caso visem somente assegurar uma restruturação do passivo do devedor, não se encontram protegidas.

V. Apesar disso, cremos, no entanto, ainda assim, mau grado a letra de lei, que a norma possa ser interpretada neste último sentido, atendendo à sua teleologia. Uma das medidas centrais neste tipo de acordos é redução do valor nominal dos créditos (ou a sua extinção e substituição por uma outro de montante menor) que, de outra forma, o devedor não conseguira pagar e a extensão dos prazos para que ele o possa fazer.

Os credores quererão que esse esforço seja compensado por uma proteção adicional para o crédito daí resultante ou para aquele cujo prazo foi alterado. Estas garantias terão que estar também protegidas da resolução incondicional do administrador, caso posteriormente venha a ser declarada a insolvência do devedor. Em especial do art. 121.º, n.º 1, al. c) CIRE[191] que permite a este último resolver as garantias prestadas nos seis meses anteriores ao início do processo de insolvência que tutelam obrigações pré-existentes ou aquelas que as substituam, como sucede na novação objetiva.[192]

---

restritiva", Juan Sánchez-Calero, *Refinanciación y reintegración concursal*, ADCo, 2010, p. 22.

[191] "Constituição pelo devedor de garantias reais relativas a obrigações preexistentes ou de outras que as substituam, nos seis meses anteriores à data de início do processo de insolvência".

[192] No que diz respeito ao incumprimento as obrigações do devedor objeto de redução ou de moratória no plano, cremos que se deverá aplicar ao PER o art. 218.º, n.º 1 CIRE, por analogia, sempre que a lei não preveja um regime especial.

Não há nenhum interesse específico relativo a esta figura que aconselhe uma disciplina diversa (como não há no âmbito do plano de pagamentos, motivo pela qual a lei remete para ela – art. 260.º CIRE). Pelo contrário, verifica-se aqui, tanto a semelhança, como as razões de ser que a justificam a aplicação por analogia.

6.2. A conversão dos créditos sobre o devedor em participações sociais

I. Instrumento comum é a conversão dos créditos sobre o devedor em participações nessa sociedade[193].[194]

O regime aqui não é diverso do que o que se aplica fora deste processo, quanto aos requisitos e aos efeitos, uma vez que não se aplicam as regras a este propósito definidas no plano de insolvência (art. 198.º CIRE)[195].

De forma muito resumida: torna-se necessário deliberar um aumento do capital social, sendo as entradas dos credores (que passam a sócios) realizadas em espécie, por via dos créditos (sobre o devedor) cedidos[196].

Havendo incumprimento, pode esse credor fazer cessar as vantagens sob forma de moratória ou redução relativamente a esse crédito. Noutros termos, os credores não teriam aceite essa moratória ou redução. Concederam-nas porque esperavam que, dada a melhoria da situação geral do devedor resultante do plano, pudessem vir a obter a satisfação dos seus direitos nos termos aí previstos.

Por outro lado, se o devedor vier a ser declarado em situação de insolvência, deixa de se verificar, igualmente, o fundamento que presidiu ao perdão, redução ou a moratória.

Dito isto, nada obsta a que as partes convencionem outro regime (art. 218.º, n.º 1 CIRE).

[193] No âmbito específico de um plano de insolvência, ver PAULO OLAVO CUNHA, *Providências específicas do plano de recuperação de sociedades*, in: I Congresso de direito da insolvência (coordenação: Catarina Serra), Almedina, Coimbra, 2013, pp. 125-126.

[194] Especificamente, para estes acordos na fase insolvencial e pré insolvencial no Direito espanhol, ver FRANCISCO JAVIER ARIAS VARONA, *Refinancing, debt for equity agreements and takeover bids under spanish law*, in: Documentos de trabajo del departamento de derecho mercantil, 2011/39, mayo, 2011 (http://eprints.ucm.es/12704/1/AriasVarona.pdf), pp. 1, ss..

[195] Sobre elas, ver: P. OLAVO CUNHA, *Providências específicas do plano de recuperação de sociedades*, cit., pp. 116, ss..

[196] Para a sua admissibilidade: RAÚL VENTURA, *Alterações ao contrato de sociedade*, in: Comentário ao Código das Sociedades Comerciais, Almedina, Coimbra, 1988, p. 141; P. TARSO DOMINGUES, *Variações sobre o capital social*, Almedina, Coimbra, 2009, pp. 231-232.

Convém sublinhar que o valor destes não é o seu valor nominal. É o valor económico da sua titularidade que interessa aqui, o que implica ter em conta as probabilidades de virem a ser satisfeitos, e em que medida. A avaliação é feita nos termos do CSC por um ROC (art. 89.º, n.º 1 e art. 28.º CSC).

Cedidos os direitos à sociedade devedora, verifica-se a confluência na mesma pessoa das qualidades de credor e devedor pelo que os créditos e as respetivas dívidas extinguem-se por confusão (art. 868.º CC). O passivo da sociedade diminui nesse montante; este não é o valor de avaliação dos créditos, para efeitos de entrada, mas o seu valor nominal, o que constitui uma indiscutível vantagem[197].

II. Pode, ainda, acordar-se a realização de uma operação "harmónio".[198] Ela consiste no recurso a uma redução do capital (com redução na mesma medida das participações sociais), mesmo abaixo do limite mínimo (art. 95.º, n.º 2 CSC), seguida pelo seu aumento com novas entradas dos sócios. Com o recurso a este instrumento, a situação financeira da empresa, evidentemente, melhora com as novas entradas.

É mesmo admissível a redução do capital a zero, quando se tenha verificado a sua perda total. Pese embora a posição contrária de Raúl Ventura[199], a doutrina dominante sustenta, corretamente, a sua admis-

---

[197] Assim, p. ex., se for cedido à sociedade um crédito com o valor nominal de 100, e ele for avaliado pelo ROC em 90, o valor da entrada é de 90. Porém, o valor nominal do crédito mantém-se e é ele que será tido em conta – os 100 – para efeito de extinção da dívida por confusão.

[198] Sobre ela, e sublinhando a sua admissibilidade, P. Pais de Vasconcelos, *A participação social nas sociedades comerciais*, cit., pp. 287, ss.; P. Tarso Domingues, *Variações sobre o capital social*, cit., p. 550; P. Olavo Cunha, *Providências específicas do plano de recuperação de sociedades*, cit., p. 121, nota 26 ("...não repugna admitir que a operação harmónio conduza a redução do capital a zero, em qualquer circunstância, desde que tal medida seja meramente instrumental do aumento subsequente, constituindo o zero um mero ponto (mínimo) de passagem.").

[199] Raúl Ventura, *Alterações ao contrato de sociedade*, 2.ª ed., Almedina, Coimbra, 1996, p. 371 ("A deliberação de aumento de capital parece logicamente impossível,

sibilidade[200]. Claro que a operação "harmónio", nestes termos, conduzirá à exclusão dos sócios que não subscrevam o aumento de capital, participando no esforço necessário à sua recuperação. Tanto mais necessário quanto aqui o devedor já se encontra em situação económica difícil ou de insolvência iminente.

O que poderá também ter virtualidades em termos de recuperação empresarial. Como refere Pais de Vasconcelos[201], a situação da sociedade é muitas vezes gerada pelos próprios sócios, pelo que a "recuperação da empresa não dispensa, então, além de providências de caráter financeiro, também a recomposição do seu substrato pessoal".[202]

III. Um outro instrumento a que se pode recorrer é a constituição de uma nova sociedade para a qual se transmita um dos estabelecimentos da empresa, com entradas dos credores em créditos (entrada em espécie[203]) sobre o devedor.

O regime aqui, à semelhança do que se acabou de ver, é o regime comum e não o regime previsto no âmbito do processo de insolvência, para o plano de recuperação[204].

---

uma vez que, pela redução a zero, as participações sociais foram extintas e portanto, logo que deliberada a redução, deixa de haver sócios que deliberem o aumento.").

[200] Cfr. P. PAIS DE VASCONCELOS, *A participação social nas sociedades comerciais*, cit., pp. 288, ss.; P. TARSO DOMINGUES, *Variações sobre o capital social*, cit., pp. 379, ss., pp. 547, ss, p. 550; P. OLAVO CUNHA, *Providências específicas do plano de recuperação de sociedades*, cit., p. 121, nota 26.

[201] P. PAIS DE VASCONCELOS, *A participação social nas sociedades comerciais*, cit., pp. 288, ss..

[202] Continua este Autor (*ob. últ. cit., ibidem*): "Ensina a experiência que muitas vezes é mesmo inviável a recuperação da empresa sem essa recomposição pessoal."

[203] Ver, *supra*, ainda neste ponto, o seu regime.

[204] Este instrumento está previsto como medida no plano de insolvência (art. 199.º CIRE). Aqui ele realiza-se antes da declaração de insolvência, portanto, nos termos do regime geral. Quanto ao regime insolvencial da figura, ver: L. CARVALHO FERNANDES/J. LABAREDA, *Código da insolvência e da recuperação de empresas anotado*, cit., pp. 775, ss.; F. CASSIANO DOS SANTOS, *Plano de insolvência e transmissão de empresa*, in: I Congresso de direito da insolvência (coord. Catarina Serra), Almedina, Coimbra, 2013, pp. 141, ss.; MICAELA CATARINA FIGUEIRA AFONSO, *O saneamento por transmis-*

Há a constituição de uma sociedade com entradas dos credores, no todo ou em parte, em créditos sobre o devedor (e não, como nas hipóteses acabadas de analisar, sobre a sociedade devedora)[205].

À sociedade é vendido um ou mais estabelecimentos deste último, aplicando-se as regras do trespasse. O que significa, dentre outros aspetos, que não se transmitem as dívidas decorrentes da exploração daqueles, a não ser nos termos gerais[206].

Ela passa a ser credora (os créditos que os sócios lhe cederam) e devedora (o crédito decorrente da compra do estabelecimento) do devedor, pelo que estes se podem extinguir por compensação, nos termos do regime geral.

IV. Nada obsta a que, em vez de se constituir uma sociedade nestes termos e para este efeito, o estabelecimento, ou outros bens, sejam dados em pagamento a um ou mais credores, ou vendido a um ou mais credores, extinguindo-se depois os créditos destes por compensação.

Como é evidente, estes instrumentos podem ser utilizados isoladamente, ou em conjunto com outras medidas, num acordo global.

7. A proteção do financiamento do devedor (o *fresh money*)

I. Dada a sua situação financeira, o devedor carece, na generalidade dos casos, de uma "injeção" de capital, para recorrer ao sugestivo termo do jargão dos economistas e gestores. Ou seja, precisa de obter financiamento.

---

são, dissertação de Mestrado, área de Ciências Jurídico-Privatísticas, Faculdade de Direito da Universidade do Porto, Porto, 2012 (inédito).

[205] Mas também, eventualmente, de terceiros, ver J. Coutinho de Abreu, *Recuperação de empresas em processo de insolvência*, cit., p. 26, nota 64.

[206] Neste sentido, F. Cassiano dos Santos, *Plano de insolvência e transmissão de empresa*, cit., p. 151. E, em geral, sobre esta questão, J. Coutinho de Abreu, *Curso de direito comercial*, vol. I, cit., p. 303, ss..

Para o efeito, a lei dispõe de um conjunto de instrumentos com que procura incentivar a sua concessão nesta fase, ou seja, no âmbito de um acordo com os credores que conduza à recuperação ou revitalização do devedor (art. 17.º-A, n.º 1 CIRE)[207]. Consistem em mecanismos de natureza diversa destinados a tutelar o denominado "fresh money" e são comuns à generalidade das figuras próximas de recuperação de outros ordenamentos.

Sem eles, atendendo à situação de debilidade, mesmo insolvência iminente, do devedor, poucos credores estariam dispostos a correr o risco de o conceder e, mesmo assim, é pouco provável que, na generalidade dos casos, muitos estejam.

É à luz destes interesses que as normas que prevêem estes instrumentos de proteção, inspirados claramente nas soluções dos direitos espanhol e italiano – embora, como veremos, infelizes na sua redação e pouco claras – devem ser interpretadas.

Iremos expor os seus traços centrais, não sei antes sublinhar que estas medidas, em regra, não surgem isoladas, mas se articulam com outras providências de recuperação, no seio do plano.

7.1. A proibição de resolução

I. Os negócios jurídicos celebrados no âmbito de processo especial de revitalização[208] cuja finalidade seja prover o devedor com meios de financiamento[209] suficientes para viabilizar a sua recuperação não podem ser resolvidos posteriormente pelo administrador da insolvência se esta vier, mais tarde, a ser declarada (art. 120.º n.º 6 CIRE).

---

[207] "Acordo conducente à sua revitalização."

[208] Ou do acordo, se se tratar de acordo extrajudicial – art. 17.º-I, n.º 6 CIRE.

[209] O *Sanierungskredit*, ou seja, o crédito destinado ao saneamento do devedor, cfr. ANDREAS FANDRICH/THOMAS HOFMANN, *Kreditsvertragsrecht*, in: Münchener Anwalts Handbuch, Bank- und Kapitalmarktrecht (herausgegeben von Andreas Fandrich und Ines Karper), C. H. Beck, Munique, 2012, § 5, pp. 270, ss..

II. A formulação legal é muito ampla. Abrange qualquer negócio que vise financiar o devedor[210]. Portanto, o critério aqui não é estrutural – assente num tipo específico de contrato, como p. ex., o mútuo, a abertura de crédito, a antecipação bancária, o reporte, a locação financeira –, mas de finalidade.

Não cremos, sequer, que esteja limitado a um só negócio, mas abrange também uma operação negocial complexa que articule diversos contratos (p. ex., o *sale and lesase back*), unidos pela finalidade de concessão de meios de financiamento.

III. Aparentemente, estes negócios não podem ser resolvidos em caso algum, porque a lei não prevê qualquer exceção[211].

Todavia, embora tal não esteja diretamente previsto, os contratos podem ser resolvidos, sempre que se vise por essa via prejudicar intencionalmente os outros credores.

O que o art. 120.º n.º 6 CIRE impede é a aplicação do regime de resolução incondicional do art. 121.º e do regime geral de resolução do art. 120.º CIRE, tal como ele aí se encontra definido.

Mas isso não significa que o ato não possa ser resolvido com outro fundamento. O recurso à análise do lugar paralelo da "imunização" dos contratos de garantia financeira permite-nos encontrá-lo.

IV. Com efeito, aí estabelece-se como limite à sua "imunização" em sede insolvencial os casos em que eles "tenham sido praticados intencionalmente em detrimento de outros credores"[212].

As garantias financeiras são instrumentos utilizados – não só, mas principalmente – no âmbito dos mercados financeiros (daí a sua

---

[210] Quanto a saber se deve ser dada preferência aos credores já existentes na concessão de financiamento, e no sentido afirmativo, CATARINA SERRA, *Processo especial de revitalização – contributos para uma "rectificação" –*, cit., p. 734.

[211] Quanto ao regime geral da resolução dos atos pelo administrador, ver FERNANDO DE GRAVATO MORAIS, *Resolução em benefício da massa insolvente*, Almedina, Coimbra, 2008; L. MENEZES LEITÃO, *Direito da insolvência*, cit., pp. 202, ss..

[212] Art. 19.º do Dec.-Lei n.º 105/2004, de 8/5.

designação). É esse aspeto que justifica a sua conformação, bem como a necessidade de tutela insolvencial por razões ligadas ao bom funcionamento do sistema financeiro e ao risco sistémico.

Por isso, se os contratos de garantia financeira tiverem sido celebrados, ou a garantia financeira tiver sido prestada, num período anterior à abertura do processo de insolvência [art. 17.º, n.º 1, al. b) do Dec.-Lei n.º 105/2004, de 8/5[213]], ou mesmo *no próprio dia* da abertura do processo, desde que antes de proferida a sentença [art. 17.º, n.º 1, al. a) do Dec.-Lei n.º 105/2004, de 8/5], portanto, quando o devedor está já, de facto, insolvente, não podem com esse fundamento ser resolvidos pelo administrador.[214]

Contudo, mesmo nesses casos, se por essa via se pretender intencionalmente prejudicar os outros credores, elas não merecem qualquer tutela.

Daí que se a lei limita a proteção desses acordos quando ela é fundamental por razões ligadas à integridade do sistema financeiro, seguramente o mesmo se deverá dizer, recorrendo a um argumento de maioria de razão, quando estes interesses públicos do maior relevo

---

[213] Ou à tomada de qualquer outra medida ou à ocorrência de qualquer outro facto no decurso desse processo ou dessas medidas. [art. 17.º, n.º 1, al. b), i), ii) do Dec.-Lei n.º 105/2004, de 8/5

[214] Em texto referimo-nos, somente, ao processo de insolvência. A lei pretende imunizar, de forma paralela, estes contratos das "medidas de saneamento", ou seja, nos termos legais, aquelas "que implicam a intervenção de uma autoridade administrativa ou judicial e destinadas a preservar ou restabelecer a situação financeira e que afetam os direitos preexistentes de terceiros, incluindo, nomeadamente, as medidas que envolvem suspensão de pagamentos, uma suspensão das medidas de execução ou uma redução dos montantes dos créditos" [art. 16.º, n.º 1, al. b) do Dec.-Lei n.º 105/2004, de 8/5, e o n.º 2 do mesmo art. para os casos em que o prestador da garantia seja uma instituição sujeita à supervisão prudencial do Banco de Portugal].

As disposições protetoras dos arts. 17.º, 18.º e 20.º do Dec.-Lei n.º 105/2004, de 8/5, também se aplicam a elas. Daqui resulta que os créditos aqui tutelados não podem ser atingidos por um acordo de recuperação celebrado no âmbito do PER, mesmo com as maiorias aí prescritas.

não se verifiquem – como nestes casos. O que permite detetar a lacuna e aplicar por analogia esta norma.[215]

A solução a que se chega é semelhante, embora um pouco mais restrita, à que decorreria da aplicação do art. 120.° CIRE, sem as presunções. Efetivamente, torna-se necessário, em primeiro lugar, determinar o carácter prejudicial do ato e, depois, a má fé, que neste caso consiste na intenção de ambas as partes de causar o prejuízo aos credores. Se se tratar de um caso de insolvência iminente, há uma clara aproximação no que toca à má fé ao disposto no art. 120.°, n.° 5, al. b) CIRE.

Para além desta limitação, o credor pode ainda reagir face a um ato praticado nesses termos, solicitando a não homologação do plano [art. 216.°, n.° 1, al. a) CIRE, art. 17.°-F, n.° 5 CIRE]. Mas mesmo que não o faça, o ato não deixa por isso de ser resolúvel por ação do administrador da insolvência, até porque este visa tutelar todos os credores, incluídos aqueles que só adquiriram essa qualidade no período de tempo que vai entre a homologação do plano e o início do processo de insolvência.

V. Não está afastado o recurso à impugnação pauliana, nos termos previstos no art. 127.° CIRE.[216].

Na realidade, os credores da insolvência não podem instaurar novas ações de impugnação pauliana de atos praticados pelo devedor, que o administrador tenha resolvido (art. 127.° n.° 1 CIRE).

No que diz respeito às ações de impugnação pauliana que estejam pendentes à data da declaração de insolvência, ou aquelas que venham mais tarde a ser propostas, elas não serão apensas ao processo de insolvência e, se, mais tarde, o administrador vier a resolver o ato, só prosseguirão os seus termos se essa resolução vier posteriormente a ser

---

[215] Para além dos casos, claro, em que possa ser aplicada diretamente porque se preenchem os pressupostos desta modalidade de contratos (Dec.-Lei n.° 105/2004, de 8/5).

[216] Neste sentido, L. CARVALHO FERNANDES/J. LABAREDA, *Código da insolvência e da recuperação de empresas anotado*, cit., p. 180.

declarada ineficaz por decisão definitiva "a qual terá força vinculativa no âmbito daquelas acções quanto às questões que tenha apreciado, desde que não ofenda caso julgado de formação anterior." (art. 127.º n.º 3 CIRE).[217]

Note-se que não se trata de uma impugnação coletiva, como no Código anterior, pelo que os seus efeitos só aproveitam ao credor que a tenha requerido (art. 616.º n.º 4). Para além disso, é importante sublinhar que os seus requisitos são apertados, o que torna difícil a sua operacionalidade prática[218].[219]

7.2. A concessão de um privilégio mobiliário geral aos novos capitais

I. O credor que, no decurso do processo, disponibilize capital para revitalização do devedor beneficia de um privilégio mobiliário geral graduado acima do privilégio dos trabalhadores (art. 17.º-H, n.º 2 CIRE).[220]

A *ratio* é clara: pretende-se incentivar a concessão de capital ao devedor durante este período de tempo, protegendo-se o crédito de quem o faça. O credor corre aqui um maior risco – que pode ser bas-

---

[217] Julgada procedente a ação de impugnação, o interesse do credor que a tenha instaurado é aferido, para efeitos do artigo 616.º do Código Civil, com abstração das modificações introduzidas ao seu crédito por um eventual plano de insolvência ou de pagamentos – art. 127.º n.º 3 CIRE.

[218] Como sublinhava já CARLOS MOTA PINTO, *Onerosidade e gratuitidade das garantias das dívidas de terceiro na doutrina da falência e da impugnação pauliana*, RDES, 1978, pp. 229-230.

[219] Importa referir ainda que o prazo para a impugnação pauliana (art. 618.º) é mais extenso do que o prazo para a resolução (art. 123.º CIRE). Cfr. L. MENEZES LEITÃO, *Direito da insolvência*, cit., p. 210.

[220] "Os credores que, no decurso do processo, financiem a atividade do devedor disponibilizando-lhe capital para a sua revitalização gozam de privilégio creditório mobiliário geral, graduado antes do privilégio creditório mobiliário geral concedido aos trabalhadores."

tante elevado – dada a situação patrimonial do devedor, pelo que se justifica que a lei lhe conceda uma proteção acrescida.

Quaisquer das figuras paralelas dos ordenamentos mais próximos contempla privilégios semelhantes, que variam, no entanto, no grau de tutela. Assim, na lei espanhola, 50% desse crédito é crédito face à massa e os outros 50% gozam de privilégio geral[221], sendo a proteção por via da pré-dedução a 100% no direito italiano[222] e no direito francês é conferido ao crédito decorrente da prestação de "um novo ingresso de tesouraria" com vista a assegurar a manutenção da atividade da empresa, pela sua totalidade, um privilégio especialmente robusto[223].[234]

---

[221] Respetivamente, o art. 84.2.11.º e o art. 91.6.º da *Ley Concursal*. Ver J. Pulgar Esquerra, *«Acuerdos de refinanciación y escudos protectores» en la reforma de la Ley Concursal española 22/2003*, cit., p. 7 (a Autora adota uma posição crítica quanto à solução da *Ley Concursal*).

[222] Art.184-*quater*, 1.º parágrafo, da *legge fallimentare*. Trata-se de créditos decorrentes de "financiamentos de qualquer forma efetuados" em execução de um acordo de restruturação de débitos homologado (ou um "concordato preventivo", arts. 160.º e segs., da *legge fallimentare*), ou, ainda, os créditos concedidos "decorrentes de financiamentos concedidos em função (*finanziamenti erogati in funzione*)" da apresentação de um pedido de homologação do acordo de restruturação de dívidas (ou do pedido de admissão de um "concordato preventivo"), se os financiamentos estiverem previstos nesse acordo e desde que o acordo seja homologado (Art.184-*quater*, 2.º parágrafo, da *legge fallimentare*).
Importa, porém, ter em conta o regime dos créditos pré-deduziveis no direito falimentar italiano. Esses créditos são satisfeitos com o produto da alienação dos bens móveis ou imóveis da massa, a que, no entanto, se tem que retirar previamente os montantes necessários para a satisfação dos créditos garantidos que beneficiem de hipoteca ou penhor (art. 111.º-*bis* parágrafo 2 da *legge fallimentare*). Pelo que são bem mais débeis do que os créditos sobre a massa da lei portuguesa.

[223] No âmbito de um acordo resultante da conciliação homologado pelo tribunal, art. L 611-11 *Code de Commerce*: "En cas d'ouverture d'une procédure de sauvegarde, de redressement judiciaire ou de liquidation judiciaire, les personnes qui avaient consenti, dans l'accord homologué mentionné au II de *l'article L. 611-8*, un nouvel apport en trésorerie au débiteur en vue d'assurer la poursuite d'activité de l'entreprise et sa pérennité, sont payées, pour le montant de cet apport, par privilège avant toutes les autres créances, selon le rang prévu au II de *l'article L. 622-17* et au II de *l'article*

II. A solidez deste privilégio varia. Ele é relativamente fraco no caso de concurso com as garantias reais, porque, tratando-se de um privilégio creditório geral[225], cede perante elas, mesmo a que venham a ser concedidas posteriormente (aqui, em especial, os diversos penhores), assim como às dívidas da massa, como, p. ex., os negócios em curso que o administrador opte por cumprir nos termos do art. 102.º CIRE [art. 51.º, n.º 1, al. f) CIRE].

Contudo, no que diz respeito ao concurso entre créditos privilegiados, trata-se de um privilégio "forte", uma vez que estes créditos são graduados antes de quase todos os créditos guarnecidos por privilégios mobiliários, exceto aqueles relativos a despesas de justiça (art. 746.º). Em especial, prevalecem sobre os créditos dos trabalhadores[226]

L. 641-13. Les personnes qui fournissent, dans l'accord homologué, un nouveau bien ou service en vue d'assurer la poursuite d'activité de l'entreprise et sa pérennité bénéficient du même privilège pour le prix de ce bien ou de ce service". Cfr. Françoise Pérochon, *La prevención de la crisis en derecho francês*, RDCPC, 2011, p. 510; (privilégio da conciliação); D. VIDAL, *Droit de l'entreprise en difficulté. Prévention – conciliation – sauvegarde – redressement – liquidation – sanctions*, cit., p. 99.

[224] Uma figura paralela no âmbito do plano de insolvência decorre do art. 221.º CIRE. De facto, o plano de insolvência que implique o encerramento do processo pode prever que caiba ao administrador fiscalizar a sua execução (art. 220.º CIRE). Quando for o caso, pode igualmente estipular-se a prioridade relativamente aos créditos sobre a insolvência, num novo processo aberto, dos novos créditos que até um determinado limite global sejam constituídos nesse período. É necessário para o efeito, ainda, que essa prioridade lhes seja reconhecida expressamente e por escrito, com indicação do montante abrangido, bem como a confirmação pelo administrador da insolvência. A prioridade conferida a estes créditos aplica-se igualmente na relação com outros créditos de fonte contratual constituídos nesse período de tempo. Não há limitação, aqui, aos créditos de quem conceda capital (art. 220.º, ns. 1 e 2 CIRE).

[225] Mas no concurso entre créditos que beneficiem de privilégios mobiliários a sua posição é já forte, porque antes dos créditos por ele garantidos só são graduados os créditos privilegiados relativos a despesas de justiça (art. 746.º). Ver, sobre esta matéria, M. Pestana de Vasconcelos, *Direito das garantias*, 2.ª ed., Almedina, Coimbra, 2013, pp. 395, ss..

[226] Emergentes de contrato de trabalho, ou da sua violação ou cessação – art. 333.º, n.º 1 CT.

tutelados por privilégio mobiliário geral [art. 333.º, n.º 1 al. a) CT], cuja posição é debilitada no caso de insolvência do devedor.

Na verdade, o devedor, muitas vezes, não terá no seu património imóveis próprios, sobre os quais possa incidir um privilégio imobiliário especial dos trabalhadores – isto é, o bem imóvel do empregador no qual o trabalhador presta a sua atividade [art. 333.º, n.º 1, al. b) CT] –, figura especialmente robusta pois, como se sabe, prevalece mesmo sobre a consignação de rendimentos, a hipoteca ou o direito de retenção, ainda que estas garantias sejam anteriores (art. 751.º).

Nessa medida, uma vez que os trabalhadores não têm qualquer poder negocial para contratar garantias dos seus créditos (são credores fracos e *non adjusting*, porque não podem impor à entidade patronal a prestação de garantias e não podem, também, refletir o maior risco que correm no montante dos seus salários[227]), nestes casos a tutela dos seus créditos passa só por este privilégio mobiliário.

Pode mesmo dizer-se que a proteção do credor financiador é feita à custa destes, porque, como se referiu, ele não atinge as garantias reais (aqui, essencialmente, o penhor), de que beneficiam – e continuam a beneficiar – ou outros credores, em regra credores financeiros.

Este aspeto aconselha prudência na sua extensão.

E, por isso, é importante que não se alargue demais este privilégio, o que passa por limitar os créditos tutelados, sob pena de, reforce-se, os trabalhadores ficarem integralmente desprotegidos numa insolvência subsequente. Tanto mais que os seus créditos serão já certamente atingidos por uma "cascata" de garantias. É um efeito possível (provável até, dada a situação do devedor), mas muito pouco focado, e tido em conta, na análise desta figura[228].

---

[227] Como o podem fazer, p. ex., as instituições de crédito na taxa de juro. São, nessa medida, *adjusting creditors*. Cfr. L. Gullifer/J. Payne, *Corporate finance law. Principles and policy*, cit., p. 154; Federico Mucciarelli, *Not just efficiency: Insolvency Law in the EU and its political dimension*, EBOLR, 14, 2013, p. 183.

[228] Se é verdade, como sublinha A. Soveral Martins [*O P.E.R. (Processo Especial de Revitalização)*, cit. p. 29], que para os trabalhadores a diferença pode ser entre manter o emprego ou ficar desempregado, importa ter bem presente que eles arriscam

III. Do ponto de vista dos financiadores externos, aqueles que têm força para impor a prestação de garantias, sendo por isso "credores fortes", é quase seguro que recorrerão a elas para proteger os financiamentos. A tutela do *fresh money* não passa, para eles, pela concessão deste privilégio, mas, de uma forma realista, unicamente pela prestação de garantias reais, ou, muito em especial, negócios de crédito e garantia, esta última assente na titularidade de um direito (p. ex., um *sale and lease back*, ou outra forma de transmissão em garantia), beneficiando da proteção do art. 17.º-H, n.º 1 CIRE.

As proteções podem *cumular-se*. A concessão de um empréstimo de curto prazo a troco de uma garantia goza do privilégio e a garantia está protegida nos termos antes referidos. Há uma clara ampliação da tutela. Se a garantia incidir sobre um móvel, o credor ainda beneficia do privilégio sobre os restantes móveis, e, se ela tiver por objeto um imóvel, de um privilégio sobre os móveis.

IV. Em termos subjetivos, embora a lei se refira somente a credor, cremos que se insere aqui igualmente aquele que não sendo ainda credor à data do início do processo venha depois, no seu quadro, a financiar o devedor. O sentido da norma é facilitar, criar as melhores condições, para esse financiamento ser concedido, pelo que nada conduz à exclusão de um financiamento "externo" (como, p. ex., a banca, quando esta não seja credora – o que é pouco comum –, ou outros bancos[229]). Pelo contrário, ele está seguramente abrangido pela teleologia da norma.

V. Os negócios de financiamento protegidos neste caso são aqueles que consistem na disponibilização de novo capital. Este deverá ser

---

– e muito, dada a situação do devedor –, a ficar no "pior dos mundos": desempregados e com os créditos prejudicados pela prevalência dos direitos dos credores-financiadores no seio do PER.

[229] Normalmente, a banca também é credora.

entendido no seu sentido estrito e mais comum de fornecimento de meios pecuniários.[230]

O que se pretende aqui é a concessão de dinheiro novo que possa permitir a manutenção subsequente da atividade empresarial, onde se engloba, necessariamente, o pagamento a fornecedores. Se a lei quisesse ampliar a proteção deste privilégio, sabendo o que aqui está em jogo, atendendo aos termos utilizados, deveria tê-lo expressado, como sucede com as legislações próximas que permitem esse alargamento (como a francesa).

Em segundo lugar, o conceito de capital já era usado pelo legislador no CPEREF para a figura próxima (art. 65.º, n.º 1, CPEREF[231]) com este significado, havendo que presumir nos termos do art. 9.º, n.º 3 CC, que ele se exprimiu da forma mais adequada.

Por fim, como se referiu, convém não alargar em demasia este privilégio, porque se assim for, se se puder entender que os todos os fornecedores também aqui se incluem (quando, além do mais se podem eles se podem dotar de garantias), se está a ampliar de tal forma o seu âmbito de aplicação que os trabalhadores em insolvência posterior correm o sério risco de verem os seus créditos totalmente desprotegidos.

Em suma: o âmbito da proteção (direto) é, neste ponto, relativamente, limitado: abrange só os negócios de financiamento donde decorram meios pecuniários novos. Não se incluem aqui financiamentos anteriores, mesmo aqueles cujo prazo tenha sido prorrogado, ou

---

[230] Ao contrário, p. ex., do direito italiano (art. 182-*quater* 1 da *legge fallimentare*) em que a lei se refere expressamente, sem deixar margem a quaisquer dúvidas, ao "financiamento de qualquer forma efetuado" em execução de um acordo de restruturação de débitos homologado (no sentido do 182-*bis* da *legge fallimentare*). A redacção desta norma resulta do *D.L. 22 giugno 2012, n. 83*, no texto integrado pela *L. di conversione 7 agosto 2012, n. 134*. Na versão inicial desta disposição só eram tutelados os financiamentos realizados nestes termos por bancos e intermediários financeiros. Cfr. (embora para a versão da norma anterior a 2012), A. Castiello D'antonio, *Acuerdos de reestructuración: nueva financiación preconcursal y fresh money en derecho italiano*, cit., p. 506.

[231] "Os créditos constituídos sobre a empresa em capital e respetivos juros...".

cuja obrigação se tenha extinto por novação, tendo sido substituída por uma nova[232].

VI. O capital pode ser concedido para o período de em que se desenrola o PER ou para aquele que se segue à sua aprovação e homologação. Resta saber se a tutela do art. 17.º-H, n.º 2, CIRE abrange ambos os créditos ou só um deles.

Em termos estritamente literais, o único financiamento abrangido seria aquele concedido no decurso do processo e não já o que fosse acordado para depois do processo (isto é, da sua homologação).

Mas não é assim, como se verá de seguida[233].

Convém começar por distinguir o – sugestivamente denominado – financiamento-ponte[234], do financiamento concedido para o período posterior à homologação do plano.

VII. Estando o devedor, aquando do início do processo, em situação económica difícil ou mesmo insolvência iminente, ele terá quase sempre evidentes necessidades de crédito, sendo mesmo, em regra, a falta dele que o conduz a essa situação[235]. Pelo que, para manter a sua atividade até que seja, eventualmente, aprovado e homologado um plano de recuperação conducente à sua revitalização, decorre um período de tempo, que se pode estender por mais de três meses (dois meses de negociações, prorrogáveis por um mês, contados do fim do

---

[232] Noutro sentido, CATARINA SERRA, *Processo especial de revitalização – contributos para uma "rectificação" –*, cit., p. 731. No sentido do texto, FÁTIMA REIS SILVA, *Processo especial de revitalização. Notas práticas e jurisprudência recente*, cit., p. 76.

[233] Limitando a proteção do art. 17.º-H CIRE aos financiamentos concedidos e às garantias prestadas nesse período, L. CARVALHO FERNANDES/J. LABAREDA, *Código da insolvência e da recuperação de empresas anotado*, cit., pp. 179-180.

Pelas razões que se apontam em texto, não podemos acompanhar este Autores.

Com efeito, esta figura diverge fundamentalmente do art. 65.º do CPEREF, só beneficiando o devedor deste privilégio se for aprovado e homologado o plano de recuperação. Sem isso não está protegido.

[234] *Überbrückungskredit*, A. FANDRICH/T. HOFMANN, *Kreditsvertragsrecht*, cit., p. 271.

[235] Basta ver a noção de situação económica difícil, art.17.º-B CIRE.

prazo para impugnações, art. 17.º-D, n.º 5 CIRE), para o qual carece de financiamento intermédio, ou ponte[236].

Esse capital é, evidentemente, acordado e prestado no decurso do processo, tendo um carácter instrumental à revitalização do devedor, que é o que se visa.

Agora, para que ele seja tutelado não basta ter sido concedido no decurso do processo. É ainda necessário que um plano de recuperação que o preveja tenha sido aprovado e homologado (momento em que produz os seus efeitos, art. 17.º-F n.º 1 CIRE)[237].

Sem ele, não se produz nenhum dos efeitos protetores dos credores, incluindo a tutela, por via do privilégio deste seu crédito. Nada obsta, como é óbvio, a que seja concedido; simplesmente, o credor que o faça corre o risco da não ser aprovado e homologado o plano e, portanto, de não beneficiar do privilégio. A conclusão é, cremos, óbvia: o que justifica a esta tutela é o plano que conduza à revitalização; sem ele, valem as regras gerais.

---

[236] A lei alemã resolve esta dificuldade, permitindo que o tribunal conceda ao devedor, a pedido deste, no âmbito da preparação de um saneamento, que ele possa constituir dívidas da massa [§ 270b (3) InsO]. Esse é um aspeto importante do "escudo de proteção" neste período de tempo. Com efeito, entende-se que a posição do devedor que se mantém a administrar a empresa (em *Eigenverwaltung*) é semelhante à de um administrador provisório que pode constituir essa modalidade de dívidas, para cujo regime se remete [§ 55 (2), InsO, a que corresponde na substância o art. 51.º, n.º 1, als. g) e h) CIRE]. O risco para as contrapartes negociais do devedor é reduzido, porque, sendo dívidas da massa, serão satisfeitas em primeiro lugar numa eventual posterior insolvência, caso o devedor entretanto não as tenha pago. Cfr. R. WILLEMSEN/J. RECHEL, *Kommentar zu ESUG. Die Änderung der InsO*, cit., p. 298. É claro que, como a doutrina sublinha, se trata de uma enorme manifestação de confiança no devedor. Cfr. R. BUCHALIK, in: H. HAARMEYER/W. WUTZKE/K. FÖRSTER, *InsO – Insolvenzordnung, Kommentar*, cit., § 270b, *Vorbereitung einer Sanierung*, p. 1872, p. 1882.

[237] Sublinhando que a proteção concedida pelo art. 17.º-H só "fará sentido se houve a aprovação de um plano de recuperação conducente à revitalização", A. SOVERAL MARTINS, *O P.E.R. (Processo Especial de Revitalização)*, cit., p. 30. Não é claro, porém, a que tipo de financiamento o Autor se está a referir. Se ao ponte, se ao final. A dúvida, como se refere em texto, coloca-se relativamente ao primeiro, mas não ao segundo.

VIII. Estes resultados são facilmente amparados, tanto pela análise do regime paralelo do CPEREF, como do desenvolvimento do direito comparado, em que a nossa lei se filiou.

O CPEREF previa a concessão de capital ao devedor entre o despacho de prosseguimento da ação e antes de do fim do período de observação, concedendo a esses créditos (ao capital e aos juros) um privilégio mobiliário geral, privilégio especialmente robusto, porque graduado antes de qualquer outro crédito[238]. Contudo, para o efeito era necessário que o juiz, mediante proposta do gestor e com o parecer favorável da comissão de credores, declarasse créditos (capital e juros) daí decorrentes "contraídos no interesse simultâneo da massa e dos credores" (art. 65.º, n.º 1 CPEREF). Só dessa forma, e com essas garantias, se protegiam os financiamentos concedidos nesse período.

Por outro lado, no que toca ao direito comparado, a lei italiana foi recentemente alterada para permitir ao devedor que apresente um pedido de admissão de uma concordata preventiva (art. 161.º, 6.º parágrafo da *legge fallimentare*), um pedido de homologação de acordo de restruturação de dívidas, ou uma proposta de acordo (no sentido do art. 182.º-*bis*, 6.º parágrafo, da *legge fallimentare*)[239], solicitar ao tribunal autorização para obter esses financiamentos intermédios, ou ponte, aos quais se concede o benefício do *fresh money*, ou seja, aqui, a pré--dedução[240] (art. 182.º-*quinques*, 1.º parágrafo, da *legge fallimentare*[242]).[243]

---

[238] Com exceção daquele do art. 35.º n.º 4 CPEREF.

[239] O devedor, ainda no decurso das negociações e antes da formalização do acordo, pode nos termos do art. 182.º-*bis*, 6.º parágrafo, da *legge fallimentare*, "apresentar ao tribunal uma proposta de acordo acompanhada por uma declaração do empresário com valor de autocertificação, atestando que, relativamente a essa proposta, estão em curso negociações com credores que representam sessenta por cento dos créditos e uma declaração de um profissional" [que preencha os requisitos do art. 67.º, parágrafo 3, al. d) da *legge fallimentare*] "acerca da idoneidade da proposta para, se aceite, assegurar o integral pagamento dos credores com os quais não estão em curso negociações ou que tenham mesmo negado a sua própria disponibilidade para negociar."

[240] Mediante determinados requisitos: é necessário, para além de o devedor ter prestado "informações sumárias", que um profissional [que preencha os requisitos

Ao não dispor de uma regra semelhante, o CIRE dificulta, num aspeto central, o financiamento do devedor, uma vez que, salvo quando esteja certo da aprovação e homologação do plano, p. ex., se houver uma aprovação unânime, é que o credor concederá crédito.

IX. Temos depois o financiamento da revitalização *subsequente* à aprovação e homologação do plano. Como se referiu, normalmente o devedor carece de uma "injeção" de capital que lhe permita relançar a sua atividade, aprovado aquele. Esse financiamento é previsto no próprio plano, mas só é concedido após a sua homologação a que estará condicionado, porque, o credor, claro, só o fará, nessas condições, se

do art. 67.º, parágrafo 3, al. d) da *legge fallimentare*], verificado "il complessivo fabbisogno finanziario dell'impresa sino all'omologazione", ateste que os financiamentos são funcionais à melhor satisfação dos credores. A autorização pode dizer respeito a financiamentos determinados só por tipologia e entidade e que não tenham ainda sido objeto de negociação.

O tribunal pode também autorizar o devedor a conceder um penhor ou hipoteca para garantir os mesmos financiamentos (respetivamente, 1.º, 2.º e 3.º parágrafos do art. 182.º-*quinques* da *legge fallimentare*).

Finalmente, o devedor que deduza um pedido de homologação de um acordo de restruturação de dívidas ou uma proposta de acordo no sentido do art. 182.º-*bis*, 6.º parágrafo, da *legge fallimentare* pode ser autorizado pelo tribunal mediante solicitação sua a pagar créditos anteriores relativos à prestação de bens ou serviços, sem que os pagamentos efetuados possam ser sujeitos à ação revogatória (*azione revocatoria*) do art. 67.º da *legge fallimentare*. Para o efeito, tem que prestar ao tribunal "informações sumárias", e é igualmente necessário que um profissional [que preencha os requisitos do art. 67.º, parágrafo 3, al. d) da *legge fallimentare*] ateste que essas prestações "são essenciais para a prossecução da atividade da empresa e funcionais a assegurar a melhor satisfação dos credores". Não é necessário que o profissional ateste que estão preenchidos esses requisitos para pagamentos "efetuados até à concorrência do montante dos novos recursos financeiros" realizados "sem obrigação de restituição ou com obrigação de restituição subordinada à satisfação dos credores".

[241] Introduzido pelo D.L. 22 *giugno* 2012, n. 83. Cfr., sobre ele, G. VILLANACCI/A. COEN, *La gestione della crisi di impresa e i piani attestati di risanamento ai sensi dell'art. 67, 3 comma lett. D) legge fallim*, cit., p. 107.

[242] Sem ser nestes termos, só poderiam obteriam tutela nos termos do art. 182.º-*quater*, parágrafo 2, em caso de homologação do acordo.

for protegido do risco acrescido. Aliás, normalmente, esse capital será concedido *também* contra garantias (há um cúmulo de proteção).

O que a lei visa é essencialmente este capital, ou seja, aquele para ser concedido em execução do plano, uma vez que é ele, eventualmente integrado noutras medidas aí incluídas, que irá permitir a revitalização do devedor. E a sua tutela radica num juízo de conveniência por parte dos credores que, ao incluírem o financiamento no plano, aceitam que o crédito daí decorrente beneficie da proteção do art. 17.º-H, n.º 2 CIRE.

Ainda assim, a interpretação que se propugna tem o apoio literal necessário. O plano donde decorre a disponibilização do capital é negociado, e aprovado, no decurso do processo. A entrega efetiva do capital, em execução desse mesmo plano, é que se realiza posteriormente.[243]-[244]

7.3. A proteção das garantias prestadas

I. As garantias que sejam convencionadas entre o devedor e seus credores para lhe assegurar os necessários meios financeiros para desenvolver a sua atividade, e que neste caso serão praticamente sempre exigidas pelos financiadores, não podem ser objeto de resolução se a insolvência do devedor vier a ser declarada no prazo de dois anos (art. 17.º-H, n.º 1 CIRE).

Comece por se apontar que o devedor só pode conceder garantias durante o PER com autorização do administrador [art. 17.º-E, n.º 2,

---

[243] Uma interpretação literal seria absurda. Quem concedesse capital durante o processo estaria protegido; quem o concedesse mais tarde em execução do plano, não.
[244] Questão diversa é a concessão de crédito protegido, nesta fase, sem que daí resulte uma real possibilidade de recuperação do devedor, prejudicando os outros credores pelo acréscimo do passivo. Não é pelo facto de ter sido concedido no âmbito do PER, em que para mais goza de um privilégio, que se deixará de sujeitar as consequências da concessão de crédito abusivo. Ver, sobre este ponto, o chamado "crédito nocivo", D. LEITE DE CAMPOS, *Da responsabilidade do credor na fase de incumprimento*, cit., p. 861.

art. 161.º, n.º 3, al. f) CIRE], sob pena de ineficácia [art. 81.º n.º 6, art. 34.º, art. 17.º-C, n.º 3, al. a) CIRE], como acima se referiu[245]. Mas, com essa autorização, as garantias, p. ex., um penhor, são válidas e eficazes. Sujeitam-se, porém, nos termos gerais, ao regime da resolução dos atos do insolvente praticados antes do início do processo (arts. 120.º e 121.º CIRE).

A proteção aqui traduz-se, simplesmente – e não é pouco –, em obstar a esse resultado, ou seja, a impedir que, mais tarde, vindo a ser declarada a insolvência do devedor, o administrador as pudesse resolver nos termos dos arts. 120.º e 121.º CIRE. A exceção, não é, contudo, total, porque elas podem ainda ser resolvidas nos casos *supra* apontados (ver, n.º 7.1.).

II. A lei refere-se unicamente às garantias convencionadas entre o devedor e os seus credores, pelo que aponta diretamente para o financiamento por estes últimos, ou seja, aqueles que já eram credores, a quem é prestada a garantia.

Cremos, porém, que, de forma paralela ao que dissemos quanto ao privilégio mobiliário[246], se deverá compreender aqui também as garantias que nesse seio sejam prestadas a terceiros que forneçam os meios financeiros. De outra forma não se conseguiriam incluir aqueles que não fossem ainda credores, mas que estivessem disponíveis para conceder esse financiamento.[247]

III. Note-se, ainda, que estes resultados de proteção dos credores já poderiam ser obtidos muitas vezes pelos contratos de garantia financeira[248], em virtude da sua "blindagem" insolvencial. Estes, como se

---

[245] Ver, *supra*, n.º 7.1.

[246] Ver, *supra*, número anterior em texto.

[247] Os meios financeiros podem ser proporcionados de forma direta ou indireta. A lei não distingue, e a sua razão de ser aconselha a não distinguir. Tanto estão aqui abrangidas, assim, as garantias concedidas a um banco que empresta dinheiro, como a um vendedor que concede um prazo para cumprir (que é crédito).

[248] Sobre as Diretivas da garantia financeira (as *collateral Directives*), ver MIGUEL PES-TANA DE VASCONCELOS, *A Directiva 2002/47/CE do Parlamento Europeu e do Conselho,*

sabe, têm um âmbito de aplicação em termos subjetivos muito amplo (nomeadamente na relação entre banca e as sociedades comerciais). O mesmo sucede quando às obrigações garantidas, havendo só uma limitação quanto ao objeto da garantia (art. 5.º do Dec.-Lei n.º 105/2004, de 8/5). A verdade, no entanto, é que gozam de um proteção quase total (com a limitação que acabámos de ver), mesmo quando sejam prestadas fora do âmbito do PER.

IV. De forma paralela ao que se referiu *supra* no que toca ao privilégio, as garantias podem concedidas sob a condição de ser homologado o plano, ou produzirem efeitos imediatamente. No segundo caso, o garante corre o risco da não homologação daquele. A garantia é, no entanto, reforce-se, válida e eficaz, e pode mesmo ter uma proteção acrescida decorrente de outras normas (p. ex., se for uma garantia financeira): o que já não goza é da tutela do art. 17.º-H, n.º 1 CIRE.

7.4. Aspetos subjetivos. O financiamento concedido pelos sócios

I. Um dos aspetos centrais no âmbito do PER consiste em saber se o financiamento dos sócios está protegido. A sua importância é óbvia, uma vez que é bastante comum serem estes a financiar externamente, ou seja, sem ser por via de dotação, inicial ou subsequente de capital social, a sociedade.

Pelo que também nesta fase a sua participação no fornecimento de novos capitais é do maior relevo. Em particular, porque o financiamento intra-grupo é muito comum.

Não restam quaisquer dúvidas que o podem fazer nos termos gerais. Porém, importa saber, por um lado, se esse financiamento goza da tutela conferida pelo PER, em especial do privilégio mobiliário do *fresh money*; e, por outro um lado, se créditos podem ser tutelados por

---

de 6/6/02 (alterada pela Directiva 2009/44/CE do Parlamento Europeu e do Conselho de 6/5/09), relativa aos acordos de garantia financeira ou os primeiros passos na harmonização do direito europeu das garantias mobiliárias, BFD, n.º 85, 2009, pp. 693, ss..

garantias nesta fase e, caso o possam, se elas beneficiam do regime previsto no PER.

II. Comece por se dizer que esta matéria é objeto de ampla discussão no direito comparado, consagrando os ordenamentos jurídicos soluções diversas. Com efeito, partindo em regra de base semelhante, isto é, do carácter subordinado destes créditos, nalguns casos é admitida, neste quadro, com maior ou menor intensidade, a sua tutela, noutros não, como sucede com a lei espanhola[249].

Já a lei italiana (art. 182.º *quáter*, parágrafo 3, da *legge fallimentare*) introduz um exceção ao regime da subordinação dos créditos decorrentes do financiamento dos sócios à sociedade (art. 2467.º, parágrafo 1 do *Codice Civile*), transformando-os, sempre que resultem de um financiamento (qualquer que seja a forma[250]) concedido em execução de um acordo de restruturação de débitos (*accordi di ristrutturazione dei debiti*) homologado, em créditos pré-deduzíveis até 80% do seu montante.[251]

III. O ponto de partida é, necessariamente, a letra da lei. Decorre do art. 17.º-H, ns. 1 e 2 que a lei se refere sempre e só a credores, não estabelecendo quaisquer distinção no seu seio. Pelo que, em princípio, daqui nada resultaria, tanto mais que, como já se defendeu, por credores deve entender-se não só os credores atuais, mas também aqueles que no âmbito do PER ao concederem um financiamento adquiram essa qualidade.

Todavia, não deixa de ser estranho que a lei não tenha tomado uma posição clara sobre este ponto, dado o debate que se trava no direito

---

[249] Cfr. J. PULGAR ESQUERRA, «*Acuerdos de refinanciación y escudos protectores*» *en la reforma de la Ley Concursal española 22/2003*, cit., pp. 7, ss. (crítica relativamente à solução espanhola).

[250] Art. 182.º *quáter*, parágrafo 1, da *legge fallimentare*.

[251] Dispõe ainda a segunda parte parágrafo 3 do art. 182.º *quáter*: "Si applicano i commi primo e secondo quando il finanziatore ha acquisito la qualità di socio in esecuzione dell'accordo di ristrutturazione dei debiti o del concordato preventivo"

comparado e a importância central que tem no seio do regime deste processo.

Com efeito, quando se pretende abranger o financiamento pelos sócios a lei di-lo, como sucede p. ex., com a lei italiana, e estabelece mesmo o regime diverso de proteção (conforme se viu)[252]. Se a lei se quisesse referir também ao financiamento concedido pelos sócios, que é distinto daquele concedido por terceiros, deveria dizê-lo. Não se trata de um elemento decisivo, claro está, mas não deixa de ser um subsídio interpretativo importante.

V. A questão terá que ser analisada, e decidida, diferenciando os empréstimos dos sócios à sociedade[253], sua qualificação e seus regimes. Eles podem consistir em suprimentos[254], ou simples empréstimos de curto prazo que não revistam estas características (não podendo assim ser qualificados como tal). Como o regime dos suprimentos só se aplica de forma direta às sociedades por quotas, para as quais está previsto, será necessário determinar, se e em que circunstâncias, este regime se aplica às sociedades anónimas.

Temos ainda que ter em linha de conta, no desenho do quadro normativo pertinente, o regime específico da subordinação de créditos decorrente de o sócio ser uma pessoa especialmente relacionada com a sociedade nos termos do art. 48.º, al. a) e do art. 49.º, n.º 2 CIRE.

7.4.1. Os empréstimos pecuniários dos sócios nas sociedades por quotas

I. As sociedades carecem de meios para desenvolver a atividade económica que constitui o seu objeto. Esse financiamento realiza-se atra-

---

[252] "ai finanziamenti effettuati dai soci" (art. 182.º *quáter*, parágrafo 3, da *legge fallimentare*).

[253] Objeto de análise serão só as sociedades por quotas e as sociedades anónimas.

[254] Na modalidade de empréstimos de dinheiro – art. 243.º, n.º 1, primeira parte, CSC.

vés de capitais próprios e capitais alheios, tendo os sócios uma ampla liberdade para estabelecerem a combinação, a proporção adequada[255], entre os dois[256].

Dito de uma forma muito sumária: dentro dos limites da lei, a fonte primeira de financiamento é o capital social de que ela é inicialmente dotada. Posteriormente, os sócios poderão aumentar estes meios, p. ex., por via de aumentos do capital, ou recorrerem ao capital alheio, *maxime* crédito bancário (frequentemente – quase sempre, tratando--se de uma pequena sociedade por quotas – acompanhado de garantias pessoais)[257].

Para além disso, uma vez que o capital social de que os sócios dotam a sociedade é muitas vezes insuficiente para o desenvolvimento da sua atividade[258], é vulgar que sejam os sócios a financiá-la – sem tocarem no capital social – através de empréstimos pecuniários[259], em especial

---

[255] Ver P. Tarso Domingues [*Capitalização de sociedades*, in: Questões de direito societário em Portugal e no Brasil (coord. Fábio Ulhoa Coelho, Maria de Fátima Ribeiro), Almedina, Coimbra, 2012, p. 445). Dentro de certos limites, uma vez que a subcapitalização material manifesta pode, na perspetiva de parte da doutrina, ser sancionada por via da desconsideração, em certos casos, da personalidade jurídica. Cfr., por todos, P. Tarso Domingues, *ob. últ. cit.*, pp. 453, ss. Também desenvolvidamente sobre esta matéria, Maria de Fátima Ribeiro, *A tutela dos credores da sociedade por quotas e a "desconsideração da personalidade* jurídica", Almedina, Coimbra, 2009, pp. 299, ss.

[256] Podem mesmo financiar-se só por capital próprio sem recorrerem ao crédito. É possível, embora pouco comum e economicamente duvidoso.

[257] Ver, desenvolvidamente, M. Pestana de Vasconcelos, *Direito das garantias*, cit., pp. 101, ss..

[258] Na feliz frase de Raúl Ventura (*Sociedades por quotas*, vol. II, Almedina, Coimbra, 1989, p. 76): "a subcapitalização das sociedades por quotas (...) é uma confissão da esperança de crédito, porventura contraditório, mas nem por isso menos real."

[259] Ou também através de prestações acessórias (arts. 209.º e segs. CSC) ou prestações suplementares (arts. 210.º e segs. CSC). Sobre os diferentes instrumentos de financiamento da sociedade pelos sócios e seus regimes, ver: Rui Pinto Duarte, *Contribuições dos sócios para o capital social: prestações acessórias, suplementares e suprimentos*, in: Escritos sobre direito das sociedades, Coimbra Editora, Coimbra, 2008, pp. 225, ss..

quando se trate de pequenas e médias empresas.[260] O sócio assume desta forma duas qualidades, sócio em si e, ao mesmo tempo, credor da sociedade[261].

II. Contudo, o financiamento concedido por através de empréstimos tem com frequência um caráter e uma função económica diferente daquele concedido por terceiros credores, uma vez que é utilizado muitas vezes para suprir um capital social insuficiente: os sócios, em vez de dotarem a sociedade de meios adequados por via de novas entradas, fazem-no através de empréstimos, ficando na posição mais confortável de credores[262]. É um caso de subcapitalização formal[263].

Quando os empréstimos dos sócios das sociedades por quotas pretendam realizar essa função – ou seja, aqueles realizados entre o sócio e a sociedade que tenham caráter de permanência –, são qualificados como suprimentos (art. 243.º n.º 1 CSC)[264]-[265]. A lei determina para eles um regime próprio distinto dos empréstimos concedidos por ter-

---

[260] Objeto da análise doravante são só as sociedades por quotas. O financiamento pelos sócios das sociedades anónimas será visto no número seguinte.

[261] Cfr. RAÚL VENTURA, *Sociedades por quotas*, vol. II, cit., p. 84.

[262] Cfr. J. COUTINHO DE ABREU, *Curso de direito comercial, vol. II, das sociedades*, 5.ª ed., Almedina, Coimbra, 2015, p. 307.

[263] A. MOTA PINTO, *Do contrato de suprimento*, cit., p. 107.

[264] Quanto a eles, ver, em geral: J. AVEIRO PEREIRA, *O contrato de suprimento*, Coimbra Editora, Coimbra, 1997; J. M. COUTINHO DE ABREU, *Curso de direito comercial, vol. II, das sociedades*, cit., pp. 304, ss.; P. PAIS DE VASCONCELOS, *A participação social nas sociedades comerciais*, 2.ª ed., Almedina, Coimbra, 2005, pp. 282, ss.; P. TARSO DOMINGUES, *As diferentes formas de financiamento societário pelos sócios e a transmissibilidade autónoma dos créditos respetivos*, in: Estudos em homenagem ao Professor Doutor Heinrich Ewald Hörster, Almedina, Coimbra, 2012, pp. 766, ss.; A. MOTA PINTO, *Do contrato de suprimento. O financiamento da sociedade entre capital próprio e capital alheio*, Almedina, Coimbra, 2002.

[265] Quanto à questão da forma do contrato de empréstimo pecuniário à sociedade pelo sócio, seja ou não um suprimento, ver PEDRO MAIA, *A qualificação e a forma dos empréstimos efectuados por sócios a sociedades por quotas. Anotação ao Acórdão do STJ de 13 de outubro de 2011*, RLJ, ano 142.º, pp. 206, ss..

ceiros. Mas mesmo que não o sejam, o carácter subordinado do crédito pode decorrer já do regime dos art. 48.º al. a) e do art. 49.º n.º 2 CIRE.

Retomando os suprimentos, constitui índice do caráter de permanência o prazo de reembolso ser superior a um ano (art. 243.º n.º 1 CSC). Mas, para além disso, pode ser demonstrado esse caráter sempre que os empréstimos visem materialmente suprir as entradas que os sócios não realizam.[266]

Como será (também) aqui o caso, uma vez que a sociedade está numa situação económica difícil ou de insolvência iminente, carecendo de meios financeiros para manter a sua atividade. Os empréstimos pelos sócios das sociedades por quotas nesta hipótese desempenham materialmente o papel de entradas e devem pois ser qualificados como suprimentos, independentemente do seu prazo.[267]

III. Decorre dessa disciplina, com fim de tutela dos credores sociais – entre outros aspetos, para o que agora diretamente nos interessa –, que as garantias reais prestadas pela sociedade para a sua tutela são nulas (art. 245.º n.º 6 do CSC)[268], o mesmo sucedendo, por interpretação extensiva assente num argumento de maioria de razão, para as alienações em garantia[269].

Os créditos daí emergentes são créditos subordinados [e dentro deles a serem satisfeitos só depois de todos os outros créditos desta classe – art. 48.º al. g), art. 177.º CIRE] e o seu reembolso dentro do ano anterior ao início do processo de insolvência pode ser resolvido pelo administrador [art. 121.º, n.º 1, al. i) CIRE].

---

[266] Como refere J. COUTINHO DE ABREU (*Curso de direito comercial, vol. II, das sociedades*, cit., p. 307): "A prova (feita por credores sociais ou não) do carácter de permanência dos créditos pode também ser feita quando ocorram circunstâncias diversas das previstas na 1.ª parte do n.º 4 do art. 243.º)".

[267] Assim, J. COUTINHO DE ABREU, *Curso de direito comercial, vol. II, das sociedades*, cit., p. 305, p. 307.

[268] E extinguem-se as de outras obrigações, quando estas ficarem sujeitas ao regime de suprimentos – art. 245.º n.º 6, segunda parte, CSC.

[269] Cfr. M. PESTANA DE VASCONCELOS, *A cessão de créditos em garantia e a insolvência*, Coimbra Editora, Coimbra, 2007, p. 905, nota 1671, p. 945, nota 1726.

IV. Ora não foi consagrada no seio do PER uma exceção a estas regras (como sucede, p. ex., como se viu, no direito italiano). Pelo contrário, o pressuposto de que parte o PER é de que as garantias, podendo embora ser atingidas pela resolução do administrador na insolvência, são válidas; o que é óbvio: se não fossem, não careceriam de ser feitas cessar nessa fase. O que não sucede com as garantias dos suprimentos, que são nulas.

Por outro lado, pressupõe-se ainda que créditos decorrentes do financiamento são créditos comuns a que se concede um privilégio, e não créditos subordinados que passam a privilegiados. Aliás, não se compreenderia que fossem nulas as garantias reais convencionais dos suprimentos e que aos mesmos créditos fossem conferidos privilégios, de fonte legal.

V. A opção do legislador, tendo em vista a realidade – e a prática – das empresas nacionais (elemento que nestas matérias nunca se pode perder de vista), compreende-se.

As pequenas sociedades por quotas, que constituem o esteio da nossa vida comercial (correspondendo normalmente a pequenas empresas), estão, em regra subcapitalizadas formalmente[270], recorrendo a capitais alheios para desenvolverem a sua atividade.

Esses capitais podem ser fornecidos pela banca, ou, como acontece muito regularmente, através de empréstimos dos sócios, empréstimos esses que, tendo caráter de permanência, são suprimentos A lei vê esse instrumento de financiamento com desconfiança, sujeitando-o a um regime severo com vista em especial à tutela dos credores sociais.

Se se sustentasse a aplicação aqui do regime decorrente do art. 17.º-H, ns. 1 e 2 e do art. 120.º n.º 6 CIRE, a posição destes sócios alterava-se radicalmente. Deixava de ser bastante frágil, porque a probabilidade de satisfação dos créditos declarada a insolvência seria

---

[270] Cfr. A. Mota Pinto, *Do contrato de suprimento. O financiamento da sociedade entre capital próprio e capital alheio*, cit., p. 106. Os números seguramente não sofreram, seguramente, variação, pelo menos no sentido positivo, neste período de tempo – pelo contrário.

muitíssimo reduzida, para uma posição forte. Na verdade, os créditos deixariam de ser subordinados, passando a ser privilegiados (quase no topo da lista de graduação), e poderiam igualmente beneficiar validamente de garantias (reais ou assentes na titularidade de um direito), que, para além disso, não poderiam cessar declarada a insolvência.

A sua posição passaria a ser a de credores garantidos com garantias reais ou mesmo de garantias assentes na titularidade do direito (p. ex., uma locação financeira restitutiva) intocáveis numa eventual insolvência futura, portanto quase invulnerável.

Estaria criado o incentivo para os sócios (geralmente, como decorre do tipo social, de número bastante limitado nas sociedades por quotas) deixarem a sociedade chegar a uma situação económica difícil por não a financiarem, recorrendo depois ao PER para o fazerem de forma garantida, ultrapassando nessa medida os credores comuns. Claro está que os outros credores teriam que concordar. Mas, face à alternativa – a insolvência a prazo com uma sociedade quase sem bens (ou com bens onerados) –, os credores comuns acabariam por se conformar, a troco de uma qualquer vantagem económica.

Isto não significa, como é óbvio, que os sócios não possam financiar a sociedade por via de suprimentos. Será até, muitas vezes, uma condição colocada pelos credores ao seu financiamento (em condições protegidas). É um sinal de confiança, e partilha do risco. Contudo, os créditos daí decorrentes, sendo suprimentos, não gozam de qualquer tutela específica e mantém-se subordinados.

Tudo visto, torna-se claro que a lei protege o financiamento *externo* à sociedade, mas não o faz relativamente ao *interno* por meio de suprimentos, mesmo no seio do PER.

7.4.2. Os empréstimos pecuniários dos sócios nas sociedades anónimas

I. O regime dos suprimentos está previsto, como se acabou de ver, no âmbito das sociedades por quotas. Contudo, a doutrina, de forma quase unânime, aplica-o, embora com uma amplitude diversa, por analogia também às sociedades anónimas[271]. Pelo que, sempre que assim seja, vale todo o raciocínio anterior.

II. O âmbito de proteção do financiamento por via de empréstimos pecuniários, tanto no que toca ao privilégio, como às garantias (incluindo-os, quanto a estas, a extensão de prazos ou redução de créditos anteriores, mediante a sua prestação) está assim limitado por esses elementos: ser uma sociedade anónima e esses empréstimos pecuniários não serem qualificados como suprimentos.

O que implica que o sócio financiador age, no que toca a estes contratos com a sociedade, como se fosse um terceiro (ou seja, independentemente da qualidade de sócio).

Nessa medida, os seus créditos devem estar também protegidos, tanto pela concessão do privilégio, como pela tutela das garantias, nos termos do art. 17.º-H CIRE.

III. Cremos que se trata da interpretação correta, equilibrando os diversos interesses em presença, dos regimes dos suprimentos, das sociedades anónimas e do PER, onde a revitalização da empresa está dependente do financiamento, sem o qual não poderá, ou não poderá

---

[271] Cfr. Raúl Ventura, *Sociedades por quotas*, vol. II, cit., pp. 86, ss.; A. Menezes Cordeiro, *Manual de direito das sociedades, II, das sociedades em especial*, 2.ª ed., Almedina, Coimbra, 2007, pp. 298, ss.; J. Coutinho de Abreu, *Suprimentos*, in: Estudos em homenagem ao Prof. Doutor Raúl Ventura, volume II, Direito comercial, direito do trabalho, vária, Faculdade de Direito da Universidade de Lisboa, Coimbra Editora, Coimbra, 2003, pp. 78, ss.; P. Pais de Vasconcelos, *A participação social nas sociedades comerciais*, cit., pp. 285-286; Rui Pinto Duarte, *Contribuições dos sócios para o capital social: prestações acessórias, suplementares e suprimentos*, cit., pp. 247, ss.; idem, *Suprimentos, prestações acessórias e prestações suplementares – notas e questões –*, Problemas do Direito das sociedades, IDET, Almedina, Coimbra, 2002, p. 269; P. Tarso Domingues, *As diferentes formas de financiamento societário pelos sócios e a transmissibilidade autónoma dos créditos respetivos*, cit., pp. 770-771; P. Olavo Cunha, *Direito das sociedades*, 5.ª ed., Almedina, Coimbra, 2012, p. 819; A. Mota Pinto, *Do contrato de suprimento*, cit., pp. 292, ss..

com grande probabilidade – se estiver em situação económica difícil –, sobreviver (existindo aqui igualmente um interesse público).

IV. Pelo relevo que tem esta matéria para o objeto deste estudo – os meios de financiamento são (a par da redução do passivo) verdadeiramente o "nervo" da figura –, iremos tecer algumas considerações adicionais.

O regime dos suprimentos, estando previsto para as sociedades por quotas, só se podendo aplicar às sociedades anónimas por analogia, exige sempre a cada momento que se verifique, caso a caso, se ela existe.

Os regimes de ambos os modelos de sociedades são diversos e os tipos sociais subjacentes também o são.[272]

Por isso, parece correto, ainda só com base nestes elementos, distinguir o acionista-empresário do acionista-investidor. Esta distinção também se pode fazer, é certo, nas sociedades por quotas. Mas aí a posição do quotista investidor é mais rara, enquanto é comum – socialmente típica – nas sociedades anónimas, onde tem um especial relevo.

Pelo que haverá que, face ao caso concreto, determinar o papel que aquele acionista desempenha na sociedade, sem que possam ser apontados limites quantitativos dada a grande variabilidade de elementos a ponderar no caso concreto[273].

Mas não é suficiente para fixar o regime dos empréstimos dos sócios nesta fase, porque haverá que articular todas as coordenadas normativas aqui envolvidas. O que impõe atender, também, aos princípios que enformam, e o equilíbrio de interesses que traça, o regime do PER.

Poderia simplesmente argumentar-se que a própria situação financeira da sociedade levaria logo a qualificar qualquer empréstimo como suprimento, uma vez que se destinaria a substituir capital social.

---

[272] É, aliás, a ele que R. PINTO DUARTE (*Contribuições dos sócios para o capital social: prestações acessórias, suplementares e suprimentos*, cit., p. 251), bem, recorre quando se refere ao facto de "por via da regra, os quotistas titulares dos suprimentos controlam o grau de capitalização das sociedades".

[273] Ver A. MOTA PINTO, *Do contrato de suprimento*, cit., pp. 304, ss..

Não nos parece que neste caso se possa tecer esse raciocínio, porque, para determinados credores, pode avultar simplesmente a qualidade de creditante e não, ou menos, a de sócio. E, nessa medida, o empréstimo ser simplesmente realizado para evitar que a sociedade caia na insolvência, eventualidade em que a satisfação dos seus créditos seria menor.

Acresce que o empréstimo não é concedido em condições normais de mercado, porque goza, como seu viu, de um regime especial de tutela, tanto nas garantias, como no privilégio.

Por outro lado, este acionista pode ser um simples investidor a quem a sociedade esteja em posição de conceder garantias, que tutelem totalmente a sua posição na insolvência, valendo-se neste caso de uma taxa de juros mais elevada. Este papel será tipicamente desempenhado pela banca[274].

Outra questão é saber se fora destes casos específicos, o quadro do PER permite uma maior exigência na qualificação de um sócio como sócio empresário, impulsionada pela necessidade de fomentar a recuperação da empresa. Não nos parece.

Vejamos. No cerne da figura está, como se tem sublinhado, a necessidade de se dotar o devedor, em situação económica difícil ou insolvência iminente, dos meios necessários para continuar de forma sustentável a desenvolver a sua atividade.

O que implica que a lei desenhe um regime protetor com vista a, afastando o regime comum, favorecer esse financiamento. Com prejuízo eventual dos credores comuns, porque os instrumentos de que a lei se serve, o privilégio, a imunização das garantias constituídas, os

---

[274] Sobre este ponto, sublinhado o caráter de índice de suprimento a concessão de crédito pelo banco em condições normais de mercado, quando dada a situação financeira da empresa ela não estaria em condições de o obter de outros, A. Mota Pinto, *Do contrato de suprimento*, cit., p. 306. Aquilo que nos parece é que a concessão de crédito nesta altura (melhor: no seio do PER), que não se faz em condições normais de mercado, não está necessariamente ligada à posição do banco como sócio empresarial, mas simplesmente a sua própria posição de credor, como forma de melhor gerir a recuperação do seu crédito.

podem prejudicar numa insolvência subsequente. Mas com o benefício de poderem obter a satisfação dos seus créditos, se a recuperação tiver sucesso.

Pelo que há um interesse específico no âmbito da recuperação (já não na insolvência) dos próprios credores comuns num financiamento que permita viabilizar o devedor (bem como um interesse público nessa recuperação, acrescente-se).

Ainda assim, não cremos que, nestes casos, se possa facilitar esse financiamento, sendo-se mais exigente na qualificação do sócio como empresário, o que vale dizer, ser-se mais generoso na qualificação de um sócio como sócio-investidor. Tal contrariaria a razão de ser do regime dos suprimentos, o fundamento em que assenta. Os sócios financiadores passariam de credores subordinados a credores, não só garantidos, como especialmente garantidos – e pela totalidade do seu crédito. Seria aceitável um regime de tutela dos sócio-empresários--financiadores, mas não podem ser equiparados aos terceiros credores, não é esse o regime que resulta da lei, mesmo de forma limitada, traduzida numa menor exigência da sua caracterização, neste quadro particular.

Podemos assim resumir: só tratando-se de uma sociedade anónima e quando o sócio não possa ser qualificado, naquele caso concreto, como sócio empresário, é que se admite o financiamento interno. É um credor-sócio que pode ser equiparado ao credor-terceiro.

8. As garantias

I. As garantias revestem um carácter central no refinanciamento.

Elas podem ser reais, ou assentar na titularidade de um direito. Assim, p. ex., um penhor de créditos, de valores mobiliários, uma hipoteca, ou uma alienação em garantia.

Podem também ser pessoais, por parte dos sócios, sendo comum nestes casos o recurso a fianças *omnibus* ou a livranças-caução avalizadas por aqueles. Não há dificuldades (pelo contrário, é mesmo um critério de determinabilidade) em que se fixem limites quantitativos para estas garantias.[275] Nessa medida, estamos aqui perante uma forma indireta de financiamento por parte dos sócios.

II. As garantias podem incidir sobre bens presentes ou sobre bens futuros. Esta última modalidade é especialmente importante, porque o devedor, nestes casos, poucos bens terá no seu património que possa dar em garantia. Em termos económicos, trata-se de afetar fluxos financeiros futuros, em que se acredita, caso contrário não será viável a revitalização, ao cumprimento de determinadas obrigações.

Pelo seu relevo no âmbito do PER, esta matéria exige um desenvolvimento adicional, que passamos a empreender.

8.1. As garantias sobre os créditos futuros

I. Em primeiro lugar é importante dizer que nos estamos sempre a referir a garantias qualitativas, penhor ou alienação em garantia. E que, além da sua admissibilidade, nos termos gerais, o aspeto que aqui mais importa realçar é o seu regime na insolvência do devedor/ autor da garantia – risco este que assume nestes casos um grande relevo, dada a situação financeira daquele.

II. Não há na nossa lei qualquer obstáculo ao penhor ou à cessão de créditos futuros[276], estando ambas as figuras expressamente previstas no art. 115.º CIRE[277].

A forma de constituição é, em ambos os casos, simples.

---

[275] Sobre elas, ver M. PESTANA DE VASCONCELOS, *Direito das garantias*, cit., pp. 100, ss. (fiança *omnibus*), pp. 122, ss. (aval geral).

[276] Ver, desenvolvidamente, sobre esta matéria, M. PESTANA DE VASCONCELOS, *A cessão de créditos em garantia e a insolvência*, cit., pp. 456, ss..

[277] Norma inspirada na InsO alemã, no § 114, o art. 115.º, n.º 1 CIRE, e no § 110, o art. 115.º, n.º 2 CIRE. Ver, sobre estas disposições, respetivamente GEORG CASPERS/ *Münchener Kommentar zur Insolvenzordnung, Band 2 §§ 80-216*, C.H. Beck, Munique, 2013, § 114, pp. 690, ss; HANS-GEORG ECKERT/*Münchener Kommentar zur Insolvenzordnung, Band 2 §§ 80-216*, C.H. Beck, Munique, 2013, § 110, pp. 632, ss..

Para que o penhor sobre créditos para se constitua, para além dos requisitos gerais da figura, é necessário que esses créditos se vão igualmente constituindo, bem como a notificação dos devedores (art. 681.º, n.º 2), que pode mesmo ser realizada previamente.

Para a transferência do crédito em garantia, basta que ele se constitua, sem ser necessária para este efeito a notificação do devedor. Ela é relevante para que se desencadeiem os efeitos da cessão face ao devedor cedido e a um segundo cessionário.

Contudo, pode ser cedido um crédito (e, em geral, é feita dessa forma) sem notificação (a cessão "silenciosa"), não sendo dado conhecimento desse facto aos futuros devedores cedidos. O cessionário credor só os notifica se houver incumprimento e, nesses casos, é ele que procede à cobrança.

As partes podem também as partes ceder ou empenhar antecipadamente, de forma prévia, não só um, mas um conjunto, uma massa, de créditos que ainda não se constituíram (a cessão global de créditos futuros[278]). Nos termos gerais, tem que ser observados os requisitos da sua determinabilidade, muitas vezes por indicação de listas de devedores.

III. Sendo celebrado um contrato donde decorra o penhor ou a cessão dos créditos futuros emergentes da atividade (necessariamente, também ela, futura) do devedor, a garantia *em si* não pode ser atingida se for declarada, mais tarde, a insolvência deste [como poderia, por força do art. 121.º, n.º 1, al. c) ou al. e) CIRE], verificando-se os requisitos do art. 17.º-H, n.º 1 CIRE.

IV. Colocam-se, não obstante, aqui um conjunto de questões relativamente, quer à extensão, quer à solidez destas garantias.

---

[278] Muitíssimo comum na prática comercial alemã (*Globalzession*). Ver, por todos, sobre a figura, PHILIPP FEDERLIN, *Sicherungszession*, in: S. KÜMPEL/A. WITTIG, *Bank- und Kapitalmarktrecht*, 4.ª ed., Otto Verlag, Colónia, 2011, pp. 1636, ss..

A primeira diz respeito aos créditos constituídos antes da declaração de insolvência, mas que emirjam de contratos em curso que o administrador possa licitamente fazer cessar nessa fase.

A segunda é relativa aos créditos que se constituam já só depois de declarada a insolvência, desde que o administrador não tenha feito cessar o seu contrato-fonte.

Passaremos a analisá-las em sequência – **(i)** e **(ii)**.

Antes disso, porém, é necessário distinguir o contrato de garantia do contrato donde emergem os créditos objeto da primeira. Este último pode ter uma natureza muito diversa: mútuo, compra e venda, fornecimento, empreitada, locação financeira, etc.

O destino do crédito, presente ou futuro, depende sempre do regime insolvencial de cada uma destas figuras articulado com a disciplina, nessa sede, da garantia em jogo.

(i) Os créditos já constituídos aquando da declaração de insolvência do devedor decorrentes de contratos em curso

I. Os créditos antes constituídos integram-se já na esfera do beneficiário da garantia (ou, no caso do penhor, já estão onerados na esfera do devedor) aquando da declaração de insolvência.

O administrador não pode, como se começou logo por assinalar, atingir o contrato fonte da garantia (de penhor ou de cessão), por força do art. 17.º-H n.º 1 CIRE.

Outra coisa é saber se pode fazer cessar os contratos constitutivos dos créditos[279].

II. Com efeito, o administrador pode recusar o cumprimento de alguns negócios do devedor: é o que sucede com uma compra e venda em que a propriedade sobre o bem não se tenha ainda transmitido, se não tiver ainda havido cumprimento por qualquer das partes (mas,

---

[279] Ver muito desenvolvidamente sobre esta matéria, M. PESTANA DE VASCONCELOS, *Direito de Garantias*, cit., pp. 584 ss., para onde se remete.

note-se, o crédito ao preço já se transmitiu ao cessionário desde o momento da sua constituição), nos termos do art. 102.º, n.º 1 CIRE.

Tal já não sucede se o vendedor/cedente tiver cumprido a sua prestação (entregou a coisa) e a outra parte não tiver ainda pago o preço. Não estamos perante um negócio em curso, mas face a um crédito que, neste caso, por se encontrar já na titularidade – fiduciária – do credor, com função de garantia, não integra a massa (ou integra-a onerado, se for um penhor). Não se enquadram também no regime dos negócios em curso aqueles contratos de compra e venda em que o comprador já tenha cumprido. O crédito objeto da garantia extinguiu-se.

Agora, como referimos, se estivermos dentro do âmbito de aplicação do art. 102.º, recusando o administrador o cumprimento, o contrato cessa e o direito ao preço também.

Noutros casos, porém, pese embora serem negócios em curso, o administrador não poderá recusar o cumprimento. É o que sucede se um vendedor com reserva de propriedade vender a prestações um bem a um terceiro, tendo previamente transmitido os créditos daí resultantes em garantia. O administrador só pode optar pela recusa de cumprimento, tendo a coisa sido entregue ao comprador, se a outra parte não exigir o cumprimento do contrato (art. 102.º n.º 1 CIRE). Aqui estes créditos (às amortizações do preço, não aos juros que são créditos futuros – como se verá de seguida), já constituídos, não podem ser atingidos.

(ii) Os créditos constituídos depois da declaração de insolvência do devedor/cedente

I. Se os direitos ainda não se tiverem constituído antes da declaração de insolvência do cedente/devedor, tudo depende, em primeiro lugar, de saber se eles virão efetivamente a nascer.

Tal só sucede se o contrato donde emergem não for feito cessar após a declaração de insolvência pelo administrador, o que, por sua vez, depende do regime insolvencial de cada um destes contratos. Assim, p. ex., administrador pode fazer cessar uma venda a prestações em que a coisa não tenha sido entregue (os créditos futuros aqui são os juros incluídos em cada uma das prestações).

II. Pelo que a questão do regime insolvencial dos créditos futuros só se coloca se o contrato donde eles irão nascer se mantiver, vindo eles a constituírem-se.

Nessa altura, importa saber se se integram na esfera do cessionário ou do transmitente. Debatem-se em termos doutrinais a este respeito a doutrina da imediação (*Unmittelbarskeitstheorie*) e a da transmissão (*Durchgangstheorie*). A primeira sustenta a constituição do crédito já na esfera do cessionário e, portanto, não passando pelo património do cedente e, nessa medida, não sendo incluído na massa insolvente. A segunda, pelo contrário, defende que o crédito ainda terá que passar pela esfera do cedente e que, por isso, estando ele insolvente, se incluirá na massa[280].

III. De forma resumida, entendemos o seguinte: é necessário distinguir entre os créditos futuros em sentido amplo e os créditos futuros em sentido estrito. Os primeiros decorrem de uma relação pré--existente, muitas vezes relações contratuais duradouras (como, p. ex., a locação, o mútuo), já constituídas, o que não sucede nestes últimos (p. ex., a cessão do preço de uma compra e venda ou de uma empreitada, que ainda não foi celebrada). Enquanto nos primeiros a posição do cedente antes ainda será constituída por uma expetativa jurídica[281] – como se verá, suscetível de transmissão (ou oneração, se se tratar de um penhor) autónoma – nos créditos futuros estamos simplesmente

---

[280] Desenvolvidamente sobre este aspeto, em particular o debate na doutrina nacional, M. PESTANA DE VASCONCELOS, *A cessão de créditos em garantia e a insolvência*, cit., pp. 456, ss.. Quanto à venda de créditos futuros, ver M. PESTANA DE VASCONCELOS, *A venda de créditos bancários e a insolvência da instituição de crédito. O regime da venda de créditos futuros em especial*, in: I Congresso do Direito bancário (coord. MIGUEL PESTANA DE VASCONCELOS), Almedina, Coimbra, 2015, pp. 209, ss..

[281] Em regra é assim, ver os exemplos do mútuo, da locação. Mas nem sempre, como sucederá com as comissões – futuras – do agente no âmbito de um contrato de agência.

perante uma expectativa de facto, que não é de *per si* cedível (ou suscetível de ser objeto de penhor).

Assim, se o crédito for simplesmente futuro, ou se for negociado como futuro, nascendo depois da declaração de insolvência, integra-se na massa. Se se tratar de um penhor de créditos futuros, o crédito integra sempre a massa, mas neste último caso já sem estar onerado.

O mesmo não sucede – ou pode não suceder –, se, aquando do negócio base da cessão, existir já uma expetativa jurídica e as partes a pretenderem de imediato transmitir ou empenhar. Nesses casos, o crédito cedido, se e quando nascer, integra-se na esfera do adquirente. Tratando-se de um penhor, empenhada a expetativa, o crédito, quando nasce, integra a massa, mas onerado.

É o que sucede quanto ao mútuo oneroso no que diz respeito aos juros. Só se constituem no futuro, mas existe já uma expetativa jurídica que as partes podem negociar, o que, no caso no caso vertente, significa transmitir em garantia ou empenhar. O mesmo sucede na venda a prestações com reserva de propriedade e entrega da coisa quando os créditos às amortizações e aos juros estejam integrados numa prestação global, mensal, relativamente a estes últimos (as amortizações do preço em si são, como já se referiu, prestações fracionadas).

Pelo que os casos em que o credor pode ver integrados na garantia (real ou fiduciária) os créditos futuros que nasçam depois da declaração de insolvência da outra parte são limitados. Na verdade, é necessário que aquando do negócio base da cessão existam já as expetativas jurídicas que constituem a base dos créditos, que as partes pretendem transmitir ou empenhar de imediato (e não simplesmente negociar o bem como futuro), que o contrato donde esses créditos deverão emergir não cesse e que a lei não coloque limites a esse efeito (ou o proíba), como se verifica no âmbito do art. 115.º CIRE (com grande relevo para o caso da locação)[282]. Isto, para além do que se disse, quanto ao contrato base dos créditos.

A fragilidade ou a força da garantia depende destes fatores.

---

[282] Por exemplo, para a locação, art. 115.º, n.º 2 CIRE.

8.2. O penhor rotativo sobre bens móveis

O recurso a cessão de créditos futuros permite criar uma garantia rotativa, porque à medida que os créditos futuros se tornam presentes e se extinguem por cumprimento, eles são logo substituídos no âmbito da garantia pelos créditos decorrentes dos outros contratos que o garante vá celebrando. Não se torna necessário criar um novo penhor.

A questão agora prende-se com outros bens móveis, p. ex., mercadorias. Ela coloca-se só relativamente ao penhor. A questão é saber se se admite aqui uma garantia rotativa sobre esses bens.

Já noutro texto abordámos a questão, respondendo positivamente[283].

Repare-se que ela só se coloca naqueles casos em que o credor não seja um banco. Na verdade, quando o for, pode ou não aplicar-se o regime dos contratos de garantia financeira. Nessa hipótese, o penhor rotativo está diretamente previsto. Não se aplicando, ainda assim, vigora o regime excecional criado para os bancos que não exige o desapossamento. Ora, dentro do quadro desse regime é possível criar por via contratual a substituição de uns bens por outros, de forma rotativa.

9. O regime dos créditos tributários e da segurança social

I. Ponto central no PER é o regime dos créditos tributários e da segurança social. Com efeito, tanto o Estado como a segurança social são, na maioria dos casos, titulares de créditos bastante avultados sobre o devedor, pelo que, se não puderem participar nesse esforço, o processo poderá por ficar, por vezes – *muitas vezes* –, votado ao insucesso.

Há, quanto a este ponto, essencialmente dois aspetos a analisar: saber em que circunstâncias, e com o preenchimento de que requisitos, pode a administração tributária[284] nos termos da LGT e do CPPT

---

[283] Ver, desenvolvidamente, M. Pestana de Vasconcelos, *Direito das garantias*, cit., pp. 339, ss..

[284] Ou a segurança social, art. 189.º, art. 190.º do Código dos Regimes Contributivos do Sistema Previdencial de Segurança Social (CRCSPSS).

acordar num pagamento a prestações; e, ainda, se estes entes podem acordar numa moratória ou mesmo uma redução de créditos num plano de recuperação, ou se tal pode ser feito pelos credores nesse quadro, mesmo sem o consentimento dos entes públicos.

9.1. O pagamento a prestações

I. Nos termos do CPPT, o devedor pode requerer à administração tributária o pagamento das dívidas "exigíveis em processo executivo" em prestações mensais e iguais (art. 196.º CPPT). Ela pode autorizá-lo, nos diversos casos previstos nos ns. 2 a 6 do art. 196.º CPPT.[285]. Torna--se, no entanto, necessário, nos termos do art. 198.º, n.º 3 CPPT, para se evitar a execução e regularizar a sua situação tributária, a prestação de uma garantia idónea (nos termos do art. 199.º CPPT[286]), ou, em alternativa, "obter autorização para a sua dispensa" (art. 198.º, n.º 3 CPPT).

Vejamos cada um destes aspetos.

II. Dada a situação de dificuldades económicas do devedor, ele dificilmente poderá, sem desequilibrar ainda mais a sua situação financeira, prestar uma garantia.

Pelo que o caminho adequado é o pedido da sua isenção. Para o efeito, tem que estar preenchidos os pressupostos do art. 52.º, n.º 4 da

---

[285] A importância a incluir nas prestações não compreende os juros de mora que continuam a "vencer-se em relação à dívida exequenda incluída em cada prestação e até integral pagamento" (art. 197.º n.º 7 CPPT).

[286] Ela consiste em "garantia bancária, caução, seguro-caução ou qualquer meio susceptível de assegurar os créditos do exequente" (art. 199.º, n.º 1 CPPT), ou, agora a requerimento do executado e mediante concordância da administração tributária, "em penhor ou hipoteca voluntária, aplicando-se o disposto no artigo 195º, com as necessárias adaptações." (art. 199.º, n.º 2 CPPT). O regime da segurança social é mais generoso: "as dívidas à segurança social podem ser garantidas através de qualquer garantia idónea, geral ou especial, nos termos dos artigos 601.º e seguintes do Código Civil.", art. 203.º CRCSPSS.

LGT, a ser invocados e demonstrados pelo requerente (art. 199.º, n.º 3 CPPT), que passamos a analisar.

Em primeiro lugar, é necessário, alternativamente, que a prestação da garantia cause ao devedor "prejuízo irreparável" ou este tenha "manifesta falta de meios económicos" revelada pela insuficiência de bens penhoráveis para o pagamento da dívida exequenda e acrescido (art. 52.º, n.º 4 LGT).

É ainda exigido, de forma cumulativa com qualquer um dos requisitos anteriores, que, em qualquer destas eventualidades, a "insuficiência ou inexistência de bens não seja da responsabilidade do executado".

Como referimos, dificilmente o devedor obterá a prestação de uma garantia bancária a favor da administração tributária, porque a instituição de crédito não lha prestará, dado o risco decorrente da sua situação económico-financeira. Sublinhe-se que, estando o devedor em situação económica difícil, ele dificilmente tem acesso (fora do PER) a crédito. E a prestação de uma garantia nestes termos é uma forma indireta de o conceder.

Mas, mesmo que o consiga, muito provavelmente não terá os meios necessários para pagar a comissão que, atendendo ao risco, será de montante elevado, nem está em condições de prestar uma contragarantia, que o banco não deixará de exigir.

Por outro lado, não terá também, em regra, bens suficientes para, por via de penhor ou hipoteca, assegurar o cumprimento dessa obrigação.

Por isso, esta exigência inviabilizará na generalidade dos casos o pagamento a prestações, que, por sua vez, obstará à revitalização do devedor. Quando assim for, e será na generalidade dos casos, é evidente o prejuízo irreparável[287].

---

[287] No entendimento da administração tributária (ofício circulado n.º 60.077, de 29.07.2010, in: http://info.portaldasfinancas.gov.pt/NR/rdonlyres/CB66AE0D-122E-460B-A56A-D720EF82C4E8/0/OFICIO_60077.pdf.): o "carácter irreparável dos prejuízos deve traduzir-se numa situação de diminuição dos proveitos resultantes da actividade desenvolvida pelo executado. Este, em resultado dos encargos

Quanto ao segundo requisito, *alternativo ao primeiro*, estando o devedor em situação económica difícil ou em insolvência iminente, é claro que tem uma "manifesta falta de meios económicos", embora não revelada, necessariamente – embora tal também seja comum –, pela insuficiência de bens penhoráveis para o pagamento da dívida exequenda e acrescido, como a lei impõe.

É, por fim, ainda requisito, este *cumulativo com* qualquer um dos outros, que "*insuficiência ou inexistência de bens não seja da responsabilidade do executado*".

Ou seja, que não tenha sido devido a atuação culposa do devedor que ele se encontre em situação económica difícil ou de insolvência iminente.

É o que sucede quando ela decorrer de circunstâncias de mercado, de limitação do crédito, ciclo económico, insolvência de um comprador importante (ou mais do que um), atraso na cobrança de créditos importantes por via judicial (executiva), mesmo decisões que se venham a revelar menos corretas, mas que eram em termos empresariais razoáveis quando foram tomadas (a assunção de um risco razoável no seio da atividade empresarial faz parte desta, não se tratando de uma atuação culposa, observadas as regras de gestão).

O que significa que, na generalidade os casos, em particular hoje em dia em virtude de uma severa crise económica e forte restrição do crédito bancário, ambos estes requisitos estarão muitas vezes preenchidos.

IV. Contudo, relativamente a este último requisito a administração tributária, através de ofício circulado n.º 60.077, de 29.07.2010[288],

---

financeiros impostos pela prestação da garantia, deixa de poder fazer face aos compromissos económico-financeiros de que depende a manutenção e desenvolvimento da actividade económica por si levada a cabo, o que ocasiona um dano resultante do decréscimo ou interrupção dessa actividade". Estando o devedor em situação económica difícil ou insolvência iminente, é a própria obtenção da garantia que está em causa. Mas, mesmo sendo prestada, os encargos gerarão o resultado apontado pela administração tributária.

[288] Cit. Ver nota anterior.

manifesta o entendimento, em sede de execução fiscal, segundo o qual: "Para que este pressuposto se verifique deve ser feita prova pelo executado de que não lhe é imputável a insuficiência ou ausência de bens do seu património", o que, "No caso específico das pessoas colectivas, apenas se deve considerar verificado este pressuposto nos casos em que a insuficiência ou inexistência de património *não possa resultar da actuação empresarial,* ou seja, apenas quando a dissipação dos bens esteja *na absoluta indisponibilidade da empresa ou da administração* que a representava ou representa, como seja, por exemplo, *o caso de catástrofe natural ou humana imprevisível.*

Fora destes casos, existirá sempre uma responsabilidade da empresa pelo destino dado aos bens que fazem parte do património colectivo/ empresarial, baseada na actuação gestionária dos seus administradores ou gerentes, pelo que, em tais situações, não se poderá considerar verificado este pressuposto de dispensa" (itálico nosso).

Esta posição é uma interpretação – muitíssimo – restritiva do art. 52.º, n.º 4, última parte, LGT sem qualquer justificação e, portanto, – manifestamente – ilegal[289],[290] em particular se for aplicada ao PER.

Embora o ponto não nos ofereça quaisquer dúvidas, dado o seu carácter central para a figura em análise (havendo dívidas tributárias exige-se a garantia/ela, atendendo à situação económico-financeira do devedor, não pode ser prestada/não podendo ser prestada a garantia, mantém-se a execução pelo não pagamento/não se revitaliza o devedor/consequência final – provável –: a insolvência), ele merece uma atenção suplementar.

---

[289] É o seguinte o entendimento de – autorizada – doutrina (DIOGO LEITE DE CAMPOS/BENJAMIM SILVA RODRIGUES/JORGE LOPES DE SOUSA, *Lei geral tributária, comentada e anotada,* 3.ª ed., Visalis editores, 2003, p. 226) acerca deste requisito: "A responsabilidade do executado, prevista na parte final do número 4, deve entender-se em termos de dissipação de bens com o intuito de diminuir a garantia dos credores. E não um mero nexo de causalidade desprovido de carga de censura ou simples má gestão dos seus bens." A interpretação da administração tributária está claramente nos antípodas da doutrina, que, simplesmente, nem refere.

[290] Neste sentido, o acórdão do tribunal central administrativo norte de 14.03.2013 (Pedro Marchão Marques), in: www.dgsi.pt.

A lei limita-se a exigir que a situação não se fique a dever a responsabilidade do devedor, o que aqui significa uma atuação culposa[291]. Implica assim – pelo menos – uma gestão negligente. Ora ela pode perfeitamente não o ter sido e, ainda assim, a empresa ficar em situação económica difícil ou de insolvência iminente.

A lei não exige que a situação económico-financeira se fique a dever a um facto de força maior, como uma catástrofe natural ou humana, ou, mesmo, o que parece decorrer da posição da administração tributária, que os *próprios bens* desta tenham sido destruídos por uma catástrofe humana ou natural, o que seria ainda mais – muito mais – difícil de justificar.

Basta, na verdade, que a situação económica difícil ou de insolvência iminente não seja imputável ao devedor, resultando de um conjunto de outros factores, normais numa economia de mercado, como, voltando a repisar o que há pouco se referiu, vicissitudes ligadas ao crédito bancário, ciclo económico, insolvência de um comprador importante, mesmo de política fiscal (p. ex., o aumento do IVA), etc.

São circunstâncias correntes de mercado exteriores ao devedor em que uma, ou uma combinação delas, pode conduzir à situação em que ele se encontra. Não se pode de forma alguma entender que a situação económica difícil ou a insolvência iminente do devedor lhe são sempre imputáveis, quando não resultem de factos de força maior[292].

Os ofícios circulados não têm qualquer valor normativo. São simples entendimentos da administração tributária. Não respeitando a

---

[291] A doutrina, referida na nota anterior, exige mesmo o dolo.

[292] Basta para se reforçar o absurdo do entendimento ter em conta a seguinte hipótese. Diz-se no referido ofício que "Fora destes casos, existirá sempre uma responsabilidade da empresa pelo destino dado aos bens que fazem parte do património colectivo/empresarial, baseada na actuação gestionária dos seus administradores ou gerentes, pelo que, em tais situações, não se poderá considerar verificado este pressuposto de dispensa." Pelo que, nestes termos, se uma empresa vender uma máquina importante a um cliente que não lhe paga, e vem este a ser declarado insolvente, passa a ser titular de um crédito sobre a insolvência e seguramente sofre um forte prejuízo patrimonial. Pode por isso – é comum –, ficar em situação económica difícil. Na perspetiva da administração, o devedor é responsável.

lei, os atos que com base neles por ela sejam praticados são simplesmente ilegais.

9.2. A moratória ou redução de créditos tributários num plano de recuperação

I. É entendimento da administração tributária, assim como da segurança social, que os credores públicos não podem conceder, ou aceitar, qualquer perdão, redução ou moratória dos seus créditos, no âmbito de um PER, assim como não o podem fazer no plano de insolvência (art. 30.º ns. 2 e 3, assim como o art. 36.º ns. 2 e 3 LGT). A lei só admite, em certos termos, o pagamento em prestações (art. 42.º, n.º 1 LGT e arts. 196.º e 197.º CPPT)[293]-[294] – e mais longe que isso estes entes não podem ir, nem podem aceitar que os outros credores, em sede de

---

[293] Para a segurança social, o art. 190.º CRCSPSS.

[294] O regime dos créditos da segurança social é ligeiramente diverso, na medida em que, para além do pagamento a prestações, se admite a isenção ou redução dos créditos a juros vencidos e vincendos (art. 190.º, n.º 1 CRCSPSS). Para o efeito, é necessário que o contribuinte o requeira, essas medidas sejam "indispensáveis" para a sua "viabilidade económica", e ele que se encontre em processo de insolvência, de recuperação ou de revitalização [art. 190.º, n.º 2, al. a) CRCSPSS]. A autorização é concedida, "sem prejuízo das competências próprias das instituições de segurança social nas Regiões Autónomas", por deliberação do conselho directivo do Instituto de Gestão Financeira da Segurança Social, I. P. (IGFSS, I. P.) (art. 190.º, n.º 6 CRCSPSS, havendo ainda que ter em conta o caso específico do n.º 7). Constituem condições de vigência do acordo prestacional, o cumprimento tempestivo das prestações autorizadas e das contribuições mensais vencidas no seu decurso (art. 192.º CRCSPSS) e o seu incumprimento determina a resolução do acordo pela instituição de segurança social competente, tendo ela efeitos retroativos e determinando a "perda do direito de todos os benefícios concedidos ao contribuinte no seu âmbito, nomeadamente quanto à redução ou ao perdão de juros." (art. 193.º CRCSPSS). Ver, em geral, sobre este regime, JOANA TAVARES DE OLIVEIRA/RUI VALENTE, *Código contributivo, anotado*, Coimbra Editora, Coimbra, 2011, pp. 175, ss..

acordo no PER ou aprovação do plano de insolvência, o façam. Num caso ou noutro, opõem-se à homologação do plano de recuperação[295].

II. Essa questão foi muito discutida no âmbito específico do plano de insolvência[296], uma vez que era, e é, um dos principais entraves à sua aprovação e, caso o seja com a redução de créditos públicos, à sua homologação.

Num primeiro momento, a jurisprudência dominante entendia que os credores poderiam, observadas as restantes regras insolvenciais, efetivamente alterar o regime dos créditos públicos no âmbito de um plano de insolvência[297].

O argumento era, na essência, o seguinte[298]: as regras do CIRE consistiriam em normas especiais face à LGT. Dessas normas resultava que os créditos que beneficiassem de garantia ou privilégio poderiam ser atingidos, respeitadas as disposições desse diploma no âmbito do plano de insolvência. Pontos de apoio nucleares deste raciocínio eram o art. 197.º CIRE, nos termos do qual os direitos decorrentes de garantias reais e de privilégios creditórios podiam ser afetados no caso de

---

[295] Esta teria assim um poder de bloqueio. Na formulação do acórdão do TRC de 5.12.2012 (Teles Pereira) (in: www.dgsi.pt), trata-se: de "uma faculdade particular, reconhecida à Administração Fiscal, de bloquear a homologação de um plano de insolvência aprovado por uma maioria suficiente de credores".

[296] A questão colocava-se só no CIRE. No CPEREF era possível nos termos do art. 62.º, ns. 1 e 2. Mas aí, declaradamente, pretendia-se recuperar a empresa, o que não sucedia no CIRE, até à introdução do PER.

[297] Sobre ela, ver L. MENEZES LEITÃO, *Direito da insolvência*, cit., p. 265, nota 403.

[298] "não há violação do princípio da legalidade fiscal, nem do princípio da igualdade, uma vez que não existe violação de normas fiscais imperativas por vontade das partes ou dos credores, mas observância de um regime especial criado pelo próprio legislador e plasmado no CIRE, em ordem a consagrar a igualdade de tratamento para todos os credores do insolvente e em que a lei prevê a possibilidade de os créditos do Estado serem despojados de privilégios, mesmo sem a sua aquiescência, inexistindo também por isso, violação de qualquer princípio constitucional, nomeadamente o estabelecido no artigo 103.º n.º 2 do CRP." [Acórdão do STJ de 2.03.2010 (Silva Salazar), in: www.dgsi.pt].

disposição expressa do plano[299], e o art. 196.º n.º 2 CIRE, donde resultava, *a contrario*, que as garantias reais ou privilégios mobiliários gerais acessórios de outros créditos diferentes dos aí previstos[300] podiam ser afetadas pelo plano.

Quanto às regras tributárias[301], sustentava-se que elas tinham o seu "campo de aplicação na relação tributária", entre a administração agindo como tal e os contribuintes[302], e já não no processo insolvencial, que estaria num plano inteiramente distinto[303], intervindo aqui o Estado simplesmente como um credor em posição de igualdade com os outros credores do insolvente[304].

---

[299] Acórdão do STJ de 13.01.2009 (Fonseca Ramos), in: www.dgsi.pt. Aí se lia: "Este normativo [art. 197.º CIRE] é, cremos, de crucial importância para a apreciação da questão que o recurso coloca. Com efeito, a expressão na *ausência de estatuição expressa em sentido diverso constante do plano de insolvência*, atribui cariz supletivo ao preceito, o que implicita que pode haver regulação diversa, contendendo com os créditos previstos nas als. a) e b) o que deve ser entendido como afloração do ***princípio da igualdade*** e reconhecimento que, dentro da legalidade exigível, o plano pode regular a forma como os credores estruturam o plano de insolvência. Só assim não será se não houver expressa adopção de um regime diferente." (itálico e negrito no original).

[300] Que eram os "créditos detidos pelo Banco Central Europeu, por bancos centrais de um Estado membro da União Europeia e por participantes num sistema de pagamentos tal como definido pela alínea a) do artigo 2º da Directiva nº 28/26/CE do Parlamento Europeu e do Conselho, de 19 de Maio, ou equiparável, em decorrência do funcionamento desse sistema".

[301] Arts. 30.º, n.º 2, e 36.º, ns. 2 e 3, da LGT, e do art. 196.º, ns. 1 e 5, do CPPT – o Acórdão do STJ de 2.03.2010 (Silva Salazar), cit..

[302] O Acórdão do STJ de 2.03.2010 (Silva Salazar), cit..

[303] Mais uma vez Acórdão do STJ de 13.01.2009 (Fonseca Ramos), cit., onde se podia ler: "campo de aplicação na relação tributária, em sentido estrito, não encontrando apoio no contexto do processo especial como é o processo de insolvência, onde o Estado deve intervir também com o fito de contribuir para uma solução, diríamos, *de olhos postos na insolvência*, se essa for a vontade dos credores, numa perspectiva ampla de auto-regulação de que a desjudicialização". Em linha idêntica, o Acórdão do STJ de 2.03.2010 (Silva Salazar), cit..

[304] O Estado ao "intervir nesse processo, aceita o concurso dos demais credores de determinado contribuinte num quadro em que releva a incapacidade do devedor insolvente para satisfazer as suas dívidas, inclusive das dívidas ao Estado, mesmo

Apesar de dominante na jurisprudência, este entendimento era rejeitado, em geral, pela doutrina fiscalista, radicando essa rejeição na indisponibilidade dos créditos tributários[305].

III. Com a alteração efetuada pela Lei n.º 55-A, de 2010, de 31/12 – Lei do Orçamento de Estado para 2011 – ao art. 30.º LGT, tendo aí sido aditado um n.º 3 nos termos do qual o regime da indisponibilidade dos créditos tributários prevalece sobre lei especial[306]-[307], o entendimento dominante da jurisprudência alterou-se.

Em síntese: sustenta-se que com o aditamento deste número ao art. 30.º LGT o legislador pretendeu contrariar diretamente um dos argumentos determinantes da posição jurisprudencial nesta matéria,

de natureza fiscal, devendo em consequência este intervir como credor, tendo em conta a existência dos demais credores e aquela situação de incapacidade, e em observância do tendencial princípio da igualdade entre os credores, despido do seu *jus imperii*, que o colocaria numa situação de tratamento privilegiado perante os demais." – Acórdão do STJ de 2.03.2010 (Silva Salazar), cit..

[305] Ver RUI DUARTE MORAIS, *Os credores tributários no processo de insolvência*, cit., pp. 222, ss..

[306] Art. 30.º n.º 2 LGT: O crédito tributário é indisponível, só podendo fixar-se condições para a sua redução ou extinção com respeito pelo princípio da igualdade e da legalidade tributária.
Art. 30.º n.º 3 LGT: O disposto no número anterior prevalece sobre qualquer legislação especial.

[307] A lei determinou a aplicação do art. 30.º, n.º 3 LGT aos processos em curso em que o plano de insolvência não houvesse ainda sido objeto de homologação judicial, sem prejuízo da prevalência dos privilégios creditórios dos trabalhadores previstos no Código do Trabalho sobre quaisquer outros créditos (art. 125.º da Lei n.º 55-A/2010, de 31/12). Questionada a sua constitucionalidade, o Tribunal Constitucional pronunciou-se pela sua não inconstitucionalidade [acórdão do TC n.º 401/2013 (Cura Mariano), de 15.07.2013, in: www.tribunalconstitucional.pt/tc/acordaos/20130401. html; acórdão do TC n.º 607/2013 (Maria João Antunes), de 29.09.2013, in: http:// www.tribunalconstitucional.pt/tc/acordaos/20130607.html].

fazendo prevalecer esta regra sobre o regime do CIRE[308]. Caso essa regra seja violada, o plano não pode ser homologado.[309]-[310]

[308] Para jurisprudência do STJ neste ponto, e na linha referida em texto, ver o Acórdão do STJ de 15.12.2011 (Silva Gonçalves), in: www.dgsi.pt: o Acórdão do STJ de 10.05.2012 (Álvaro Rodrigues), in: www.dgsi.pt; o acórdão do STJ de 14.06.2012 (Oliveira Vasconcelos), in: www.dgsi.pt; o acórdão do STJ de 18.2.2014 (Fonseca Ramos), cit.
Em linha idêntica, dentre muitos outros nas Relações, ver: acórdão do TRP de 13.07.2011 (Soares de Oliveira), in: www.dgsi.pt; o acórdão do TRP de 14.11.2011 (Rui Moura), in: www.dgsi.pt; o acórdão do TRP de 16.03.2013 (Deolinda Varão), in: www.dgsi.pt.
[309] Ver, p. ex.: o acórdão do TRP de 11.09.2012 (Maria Cecília Agante), in: www.dgsi.pt.; o acórdão do TRP de 10.10.2013 (Judite Pires), in: www.dgsi.pt.
[310] Discute-se, neste quadro, quais as consequências da homologação de um plano de recuperação que atingisse nos termos referidos os créditos da Fazenda Pública e da Segurança Social: a sua nulidade parcial, por violar lei imperativa, ou mera ineficácia relativamente à Fazenda Pública e à segurança social.
No primeiro sentido, o acórdão do STJ de 13.11.2014 (Salreta Pereira), in: www.dgsi.pt. Sustentando a ineficácia, o (já várias vezes citado, e muito relevante) acórdão do STJ de 18.2.2014 (Fonseca Ramos), cit. ("O plano de insolvência, assente numa ampla liberdade de estipulação pelos credores do insolvente, constitui um *negócio atípico*, sendo-lhe aplicável o regime jurídico da ineficácia, por isso o Plano de Recuperação da empresa que for aprovado, não é oponível ao credor ou credores que não anuíram à redução ou à modificação lato sensu dos seus créditos."); o acórdão do STJ de 25.03.2014 (Fernandes do Vale), in: www.dgsi.pt.; o acórdão do STJ de 24.03.2015 (Ana Paula Boularot), in: www.dgsi.pt. Neste enfoque, a última solução é a mais adequada.
Trata-se de um esforço extremamente louvável da jurisprudência do nosso tribunal superior, que, atenta à realidade económico-social e tendo em conta aos diversos interesses em presença, para evitar "males maiores", procura minorar os efeitos de uma eventual nulidade total do plano. Contudo, não afasta as dificuldades. De facto, aspeto essencial em qualquer recuperação é a redução do valor da dívida, na qual os credores públicos têm que participar. Isolando-se os seus créditos, os outros credores legitimamente não quererão participar no esforço, e no risco, da recuperação.

E a recente alteração do regime do CIRE, com a introdução do PER, não alterou este quadro de coisas, sendo clara a jurisprudência, e a generalidade da doutrina[311]-[312], nesse sentido[313].[314]

Aparentemente, pois, a questão estaria resolvida. Sem legislação específica nesta matéria – necessária para se permitir a efetiva recuperação da empresa nesta sede (assim como no plano de insolvência)[315],

---

[311] Cfr. J. M. COUTINHO DE ABREU, *Curso de direito comercial*, vol. I, cit., p. 331; L. MENEZES LEITÃO, *Direito da insolvência*, cit., p. 261; MARIA DO ROSÁRIO EPIFÂNIO, *Manual de direito da insolvência*, cit., p. 311; FÁTIMA REIS SILVA, *Processo especial de revitalização. Notas práticas e jurisprudência recente*, cit., p. 66 (de forma especialmente crítica quanto à solução legal, que qualifica mesmo como sendo "algo "esquizofrénica"").

[312] Na doutrina defende uma posição diferente, admitindo a modificação dos créditos tributários, CATARINA SERRA, *Créditos tributários e princípio da igualdade entre os credores – dois problemas no contexto da insolvência de sociedades*, DSR, 2012, pp. 89, ss.; idem, *O processo especial de revitalização – contributos para uma "rectificação"* –, cit., pp. 740-741. Esta Autora sustenta uma interpretação restritiva "das normas que compõem o regime tributário". Recorre, "para isso, a dois argumentos: a teleologia subjacente ao Per e a unidade do sistema jurídico" (*ob. últ. cit.*, p. 740). A par disso, considera que se trata da "interpretação mais adequada" ao ponto 2.19 do Memorando de entendimento.

[313] Cfr, dentre outros: o acórdão do TRP de 17.06.2013 (Maria Adelaide Domingos), in: www. dgsi.pt ("O referido princípio da indisponibilidade dos créditos fiscais é aplicável ao processo de insolvência"); o acórdão do TRP de 28.06.2013 (Maria Amália Santos), in: www.dgsi.pt; o acórdão do TRP de 19.07.2013 (Rui Moreira), in: www. dgsi.pt; o acórdão do TRP de 30.09.2013 (Oliveira Abreu), in: www.dgsi.pt.; o acórdão do TRP de 21.10.2013 (Carlos Querido), in: www.dgsi.pt; o acórdão do TRP de 26.11.2013 (Maria Graça Mira), in: *www.dgsi.pt*.; acórdão do TRC de 2.10.2013 (Freitas Neto), in: *www.dgsi.pt*: acórdão do TRG de 29.10.2013 (Edgar Gouveia Valente), in: www.dgsi.pt.

[314] Esse entendimento é sustentado de uma forma implícita, e por vezes mesmo expressa, à *contrecoeur*. Ver o acórdão do TRP de 28.06.2013 (Maria Amália Santos), cit., onde depois de se expor, e aderir, à solução referida, se escreve: "**Não foi certamente essa, em nosso entender, e com o devido respeito, a melhor solução legislativa para os processos de revitalização,** cujo objectivo, acima exposto, foi o de preservar ao máximo o tecido empresarial existente, numa conjuntura económica excessivamente fragilizada" (sublinhado e negrito no original).

[315] Que o memorando de entendimento sobre as condicionalidades de política económica, de 17 de maio de 2011, celebrado entre o governo português, a Comissão Europeia, o BCE, e o FMI impõe: 2.19. "As autoridades tomarão também as medi-

a administração tributária, assim como a segurança social, não poderiam acordar quaisquer medidas que afetassem os seus créditos fora dos termos específicos em que a lei o permita fazer (pagamento a prestações[316]), nem os outros credores o poderiam fazer sem o consentimento delas.

IV. Contudo, em termos jurisprudenciais, esta matéria foi reanalisada de forma profunda pelo, muito bem fundado, acórdão do STJ de 18.02.2014 (Fonseca Ramos)[317].

São os seguintes, de forma sumária, os elementos estruturantes da linha argumentativa que aí se expõe:

- refere-se a possível *"interpretação restritiva* das normas dos arts. 30.º, n.º 2, e 36.º, n.º3, da LGT, e art. 85.º do CPPT, restringindo o seu campo de aplicação à relação tributária em sentido estrito, valendo primordialmente na relação Estado-contribuinte, normas que devem ceder no confronto com a legislação especial do direito falimentar" (itálico no original)
- sustenta-se que "a interpretação conforme à Constituição implica que entre uma interpretação que salvaguarde os princípios constitucionais e outra que com eles colida, deve prevalecer aquela."
- por fim, numa "perspectiva de adequada ponderação de interesses, tendo em conta os fins que as leis falimentares visam, pode violar o *princípio da proporcionalidade* admitir que o processo de

---

das necessárias para autorizar a administração fiscal e a segurança social a utilizar uma maior variedade de instrumentos de reestruturação baseados em critérios claramente definidos, nos casos em que outros credores também aceitem a reestruturação dos seus créditos, e para rever a lei tributária com vista à remoção de impedimentos à reestruturação voluntária de dívidas."

[316] Ver *supra*.

[317] In: www.dgsi.pt. Que vem na linha do acórdão do TRG de 10.04.2012 (Ana Cristina Duarte), in: www.dgsi.pt, que cita concordantemente.

insolvência seja colocado em pé de igualdade com uma *simples* execução fiscal."[318] (itálico no original).

Conclui-se: "Nesta perspectiva, *não é de excluir* que no *plano da insolvência*, ao abrigo do art. 196.º, n.º 1, als. a) e c) do CIRE, cabe o perdão ou redução do valor dos créditos da AT ou da Segurança Social sobre o passivo do devedor, quer quanto ao capital, quer quanto aos juros, bem como a modificação dos prazos de vencimento ou das taxas de juro, sejam os créditos comuns, garantidos ou privilegiados, aprovado o plano que respeitou o *quorum* estabelecido no artigo 212.º, desde que a *intervenção* nos créditos do Estado credor não evidencie uma redução injusta e desproporcional, tendo em conta o somatório dos créditos dos particulares e a medida em que deles abdicam, visando a recuperação da empresa pré-insolvente" (itálico no original).

V. Esta questão é particularmente importante, porque, em regra, os créditos dos entes públicos são bastante relevantes e, se não puderem ser atingidos, seja por redução dos créditos, do perdão de juros, ou, mesmo – tão só –, por um prazo de pagamento mais extenso, dificilmente os outros credores aceitarão participar no sacrifício de forma isolada, naufragando, logo, desde aí, a recuperação.

Mas, mesmo esses credores aceitem, a necessidade de cumprir integralmente os créditos públicos gerará um desequilíbrio financeiro que conduzirá à insolvência. Como se sabe, a redução do montante da dívida do devedor é um elemento *essencial* em qualquer recuperação.

---

[318] E continua: " servindo apenas para a Fazenda Nacional actuar na mera posição de reclamante dos seus créditos, sem atender à particular condição dos demais credores do insolvente ou pré-insolvente, que contribuem para a recuperação da empresa, abdicando dos seus créditos, permanecendo o Estado alheio a esse esforço, escudado em leis que contrariam o seu *Compromisso* de contribuir para a recuperação das empresas, como resulta do *Memorandum* assinado com a *troika* e até das normas que, no contexto do PER, o legislador fez introduzir no CIRE."

Ora, os credores públicos que rejeitam a diminuição parcial do valor nominal dos créditos, por vezes só uma extensão do prazo de pagamento para além do previsto na LGT e CPPT[319], acabarão na insolvência por receber um valor muito inferior por esse crédito.

É assim, e é esse o caso que é objeto de análise neste trabalho, quando se trate de uma pessoa coletiva, que se extingue com a insolvência, não sendo possível responsabilizar outro ente por essas dívidas.

Acresce que a insolvência do devedor implicará, por um lado, o aumento da despesa pública, sob forma de subsídios de desemprego para os trabalhadores cujos contratos de trabalho cessam, e uma diminuição das receitas, porque, cessando a empresa a atividade, termina igualmente a atividade económica, elemento do facto constitutivo de vários impostos[320].

VI. A este propósito, entendemos que esta questão merece ser reponderada, à luz dos argumentos que se apontam de seguida.

Antes disso, no entanto, importa sublinhar que, de facto, introdução do n.º 3 ao art. 30.º da LGT atingiu o principal argumento em que a jurisprudência se apoiava para admitir que os créditos tributários fossem atingidos por um plano de insolvência.

---

[319] E ainda, como informa MARIA JOSÉ COSTEIRA [*Questões práticas no domínio da assembleia de credores*, in: II Congresso do direito da insolvência (coord. Catarina Serra), Almedina, Coimbra, 2014, p. 112], os "credores estatais" votam "contra mesmo quando são respeitados os requisitos previstos na Lei Geral para o pagamento destas dívidas em prestações."

[320] Como bem se sublinha no acórdão do STJ de 18.02.2014 (Fonseca Ramos), cit., "...enquanto os credores privados renunciavam aos seus direitos na tentativa de recuperar a empresa e, reflexamente, outros interesses a ela ligados, onde nem sequer é despiciendo aludir aos benefícios que o erário público colhe quando uma empresa é recuperada e não liquidada pela inviabilidade da sua recuperação" (sublinhado nosso).

A questão é que ele não era, nem é, o único, nem, como se verá, *o mais relevante,* que pode ser convocado para se atingir esse resultado, como passamos ver[321]:

Primeiro: tendo em conta que o Estado e a segurança social são, na maioria dos casos, titulares de créditos bastante avultados sobre o devedor; se eles não puderem participar nesse esforço por banda da generalidade dos credores, o processo ficará por ficar votado ao insucesso. O que contraria frontalmente toda a teleologia do PER, e da reforma de 2012.

O Direito é um sistema, que exige uma harmonização valorativa interna. Não é uma manta de retalhos incoerente. É tarefa indeclinável da doutrina proceder à análise dos diferentes elementos normativos para o construir, harmonizando as soluções. Essa tarefa é ela própria parte da construção do Direito.

Segundo: a interpretação desta norma não se pode fazer de forma isolada das restantes disposições constitucionais que tutelam em particular, a posição dos trabalhadores [art. 53.º, art. 58.º, n.º 2, al. a) CRP] e a manutenção do tecido económico e empresarial [art. 100.º, al. d) CRP[322]]. Tem que se fazer articuladamente. O que impõe uma solução diversa.

---

[321] Com os fundamentos referidos, de seguida, em texto, revemos aqui a nossa posição sustentada em M. PESTANA DE VASCONCELOS, *Il resanamiento preinsolvenziale del debitore nel diritto portoghese: la nuova procedura speciale di rivitalizzazione (PER)*, Dir Fall.., pp. 731-732. Aí defendemos que dada a alteração legal, os créditos fiscais deixavam de poder ser atingidos. Numa primeira análise, de facto, a solução parece ser indiscutível. Contudo, o absurdo do resultado a que essa interpretação conduzia, impedindo-se a recuperação da empresa ao mesmo tempo que o Estado receberia menos do que o que poderia obter se aquela viesse a ser recuperada, levou-nos a ir mais fundo na análise. Que se expõe de seguida em texto.

[322] "O apoio às pequenas e médias empresas e, em geral, às iniciativas e empresas geradoras de emprego e fomentadoras de exportação ou de substituição de importações;"

Terceiro: importa definir aquilo que consiste a disponibilidade de créditos. Aparentemente, a redução do valor nominal do crédito, ou a concessão de uma moratória, consistira sempre na disposição desse crédito.

Contudo, a indisponibilidade dos créditos deve ser referida ao seu valor económico e não ao valor nominal. O relevante é o que vale o crédito em si, como bem, não o seu objeto, donde decorre o valor nominal.[323]

Não se pode equiparar o valor nominal ao valor do crédito no património do credor, que depende de múltiplos factores, entre os quais as garantias, a capacidade financeira, e claro, a solvência, daquele.

Assim, se o Estado for titular de um crédito com o valor nominal de 100, que só possa vir a ser satisfeito no caso de insolvência subsequente do devedor por 40[324], o valor da sua titularidade, do crédito como bem em si, é de 40, não de 100[325]. Se aceitar uma redução do valor nominal para 50, p. ex., não está a atingir o crédito. Ele vale menos (40).

E a redução ou moratória, para além de não poder ultrapassar o seu valor económico, teria que ser idêntica à dos outros credores da mesma classe. Caso contrário, poderia pedir a recusa do plano de

---

[323] Como decorre aliás da distinção que a lei faz ente valor nominal e valor de mercado dos créditos da segurança social, podendo esta, excecionalmente, nos termos do art. 200.º CRCSPSS al700-los (créditos a dívidas de contribuições, quotizações e juros), *por um ou outro desses valores* (art. 200.º, n.º 2 CRCSPSS). No âmbito da titularização, os créditos fiscais também podem ser vendidos por um montante inferior ao seu valor nominal. É o decorre do art. 2.º da Lei n.º 103/2003, de 5/12 (que regula e harmoniza os princípios básicos de cessão de créditos do Estado e da segurança social para titularização), embora nas condições aí definidas.

[324] Ou menos, tendo em conta o normal depauperamento do património do devedor. O cálculo da satisfação dos créditos dos diferentes credores para este efeito é relativamente fácil de fazer.

[325] Acrescente-se em apoio do que se diz em texto o seguinte. Entender-se que ao reduzir o valor nominal do crédito de uma empresa em situação económica difícil ou insolvência iminente se reduz o crédito assenta num erro base. Parte do princípio de que o Estado iria receber *por inteiro* o referido montante na insolvência subsequente desse devedor. O que não é verdade. Atenta a normal escassez da massa, o que iria ser recebido seria uma percentagem muito inferior.

insolvência, nomeadamente que a sua situação ao seu abrigo é "pre-visivelmente menos favorável do que a que interviria na ausência de qualquer plano" (o *best interest test*). (art. 216.º CIRE, art. 17.º-F, n.º 5, art. 17.º-I, n.º 4).

Quarto: aceite esta redução, caso venha posteriormente a insolvên-cia a ser declarada, poderia verificar-se uma perda (o crédito a recla-mar, no exemplo anterior, seria só de 50 e não de 100). Contudo, nada obsta a que se inclua no plano, em termos semelhantes ao que decorre do art. 218.º, n.º 1, al. b) CIRE em sede de plano de insolvência, uma disposição nos termos da qual, sendo posteriormente declarada a insolvência do devedor, a moratória ou a redução do valor nominal do crédito ficam sem efeito[326]. Mais: cremos mesmo que cláusula, em rigor, nem sequer é necessária, uma vez que norma se aplica analogi-camente ao PER.

Ao invés, uma cláusula em que se dispusesse expressamente em contrário (art. 218.º, n.º 1 CIRE) seria inaceitável para a administração tributária, porque, ela sim, provocaria uma – eventual, porque pres-supõe uma insolvência futura do devedor, que é o que se pretende evitar – perda futura dos créditos. E obstaria à sua homologação. Em ambos os casos, os interesses do Estado e da segurança social estão plenamente tutelados.

Assim, recorrendo ao exemplo que temos vindo seguir, se o cré-dito de 100 fosse reduzido para 50, em caso de insolvência posterior do devedor, o crédito recuperaria o seu valor nominal de 100, sendo reclamado por esse montante[327].

---

[326] Para além disso, mesmo que não fosse declarada a insolvência, o incumprimento posterior desses créditos levaria a que os benefícios daí decorrentes, moratória ou redução, cessassem, em termos idênticos aos do art. 218.º, n.º 1, al. a) CIRE.

[327] Recorrendo novamente a um exemplo. Se tendo um crédito o valor nominal de 100 se aceitasse a redução para 80 para permitir a recuperação do devedor, quando nessa data o valor a obter na insolvência fosse de 70, haveria um benefício de 10 para o credor público. Caso, mais tarde, o devedor não cumprisse e viesse a ser declarado insolvente, o crédito recuperava o valor nominal de 100. Pelo que esta solução não

Quinto: Esta redução ou moratória teria necessariamente de vir acompanhada, sob pena de se violar efectivamente a indisponibilidade dos créditos tributários, de uma cláusula "de salvo regresso de melhor fortuna" [art. 196.º, n.º 1, al. a) CIRE]. Recuperando a empresa (*rectius*, o seu titular), o valor deste crédito recuperaria o seu valor nominal, assim como os juros, que teriam que ser pagos por inteiro.

Sexto: o Estado já admite de forma "cega" (ou seja, sem estar ligada à recuperação do devedor) a redução dos créditos públicos na insolvência a partir do momento em que eles ficam privados dos privilégios, nos casos do art. 97.º, n.º 1, als. a) e b) CIRE.

Formalmente, o valor do crédito é o mesmo, porque não há redução nominal; porém, o seu valor que para aqui releva é o económico e esse sofre uma relevante desvalorização[328]. É uma incoerência valorativa admitir-se uma redução genérica, com um fundamento – para mais – muito duvidoso[329], do valor dos créditos, e não se admitir depois que eles, em condições de igualdade com os outros credores – e num juízo idêntico de racionalidade económica[330]-, possam ser reduzidos ou, simplesmente, sujeitos a moratória, necessário para se recuperar o devedor.

prejudica e só favorece o crédito público, mesmo exclusivamente sob o prisma da percentagem de satisfação do crédito.

[328] Assim, p. ex., se o crédito assegurado por um privilégio geral com um valor nominal de 100 puder ser satisfeito na insolvência em 60, será este o seu valor (como bem em si). Contudo, passando esse crédito a crédito comum, se valor a ser satisfeito na insolvência – necessariamente inferior – for de 10, será esse o valor do crédito. Ao fazer-se cessar o privilégio, embora mantenha o seu valor nominal – o crédito é sempre de 100 – ele foi desvalorizado de 60 para 10. É isso que se passa com a solução referida em texto. A desvalorização em massa dos créditos públicos, independentemente de tal ser o ou não necessário para a recuperação da empresa devedora.

[329] Desenvolvidamente sobre esta questão, ver M. PESTANA DE VASCONCELOS, *As garantias dos créditos fiscais. Regime e proposta de reforma*, cit., pp. 203, ss..

[330] Este aspeto é importante, também, porque, não fosse assim, se poderia falar numa ajuda do Estado. Ver, sobre este ponto, J. PULGAR EZQUERRA, *Preconcursualidad y acuerdos de refinanciación. Adaptado a la Ley 38/2011, de 10 de octobre, de reforma de la ley concursal*, cit., p. 89.

Sétimo: não há violação do princípio da igualdade, nem face aos outros contribuintes, nem, igualmente, relativamente aos outros credores.

Há que recorrer à igualdade em sentido material e não formal, tratando de forma idêntica o que é idêntico e distinta o que é distinto, na medida da sua diferença.

Ora, se o contribuinte (o devedor) for uma pessoa coletiva, a sua insolvência, pela natureza do sujeito, leva à sua *extinção*. Não é possível obter de forma definitiva a satisfação dos créditos.[331] E este é, como se começou por referir, o caso, aqui, em análise.

Quanto aos outros credores, o plano teria que consagrar efeitos idênticos sobre os créditos de cada classe[332].

---

[331] Merece a nossa *integral concordância* a seguinte afirmação de J. AVEIRO PEREIRA (*A revitalização económica dos devedores*, cit., p. 29) relativamente às dívidas fiscais e, principalmente, da segurança social: "...trata-se de dinheiro dos contribuintes em geral, sendo certo que o pecúlio dos que descontam uma parte do seu vencimento para a segurança social não deve servir para financiar empresas, pois essa poupança destina-se a prestações sociais dos trabalhadores, por doença ou desemprego, e a pensões de reforma. Numa economia debilitada (...) cede-se facilmente à tentação de, cegamente, confiscar dinheiro onde ele existe, sem cuidar de saber se é justa ou injusta essa apropriação para outros fins. Mas esse vício iníquo tem que ser combatido. O dinheiro da segurança social foi descontado pelos e para os contribuintes, para mais tarde, quando necessário, lhes assegurar a saúde e a subsistência, pelo que o seu desvio para outras aplicações é ilícito."
O que se propõe *defende esta proteção*, porque permite à segurança social receber mais do que o viria a fazer em caso de insolvência. Depois disso, a pessoa coletiva extingue-se. E extingue-se também a obrigação não satisfeita.

[332] No fundo, uma solução que resulta já, na essência, da lei francesa (no âmbito do plano de salvaguarda – *plan de sauvegarde*, L 626-1 e segs. do *Code de Commerce*). Com efeito, dispõe o Art. L 626-6 *Code Commercial*: "As administrações financeiras, os organismos da segurança social, as instituições que regem o regime do seguro de desemprego previsto nos artigos L 351-3 e seguintes do código de trabalho e as instituições regidas pelo livro IX do código da segurança social podem aceitar a remissão de todo ou de parte das dívidas do devedor em condições similares às que lhe seriam concedidas, em condições normais de mercado, um operador económico colocado na mesma situação." (tradução nossa). Todavia, se se tratar de impostos indirectos do Estado ou das coletividades territoriais só podem ser remitidos os

Oitavo: há que presumir o legislador razoável (art. 9.º, n.º 3)[333]. O que impede soluções interpretativas desrazoáveis, que aniquilam *todos* os interesses relevantes em presença, sem benefício de ninguém; como sucede com a recusa de redução, ou da concessão da moratória, a um crédito do Estado ou da segurança social quando estes entes, além de contribuírem para a insolvência do devedor, atingindo o tecido económico e os postos de trabalho, obterão na insolvência um valor menor do que alcançariam pela primeira via, prejudicando a receita fiscal.[334-335]

juros de mora, as penalizações ou as multas. Cfr. F. PÉROCHON, *La prevención de la crisis en derecho francês*, cit., p. 513; J. VALLANSAN, *Difficultés des enterprises. Commentaire article para article du Livre VI du Code de Commerce* (com a colaboração de P. CAGNOLI, L. FIN-LANGER, C. REGNAUT-MOUTIER), cit., p. 222.

[333] Na expressão, que merece ser reproduzida, de J. BAPTISTA MACHADO (*Introdução ao direito e ao discurso legitimador*, Almedina, Coimbra, 1983, p. 189: "...um modelo de legislador ideal que consagra as soluções mais acertadas (mais correctas, justas ou razoáveis)...".

[334] Junta-se o argumento do direito comparado. O nosso plano de insolvência inspira-se (*rectius*, é decalcado) do plano de insolvência da *Insolvenzordnung* alemã. Ora, é entendimento pacífico da doutrina alemã que os créditos da administração tributária podem ser atingidos por efeito de um plano de insolvência. Cfr. STEPHEN KLING/MATTHIAS SCHÜPPEN/WINFRIED RUH, *Insolvenzsteuerrecht*, in: *Münchener Kommentar Insolvenzordnung*, Band 3, §§ 270-359 (herausgegeben von KIRCHHOF/LWOWSKI/STÜRNER), C.H. Beck, Munique, 2008, p. 1788; WOLFGANG BOOCHS, in: KLAUS WIMMER/JÖRG DAUERNHEIM/MARTIN WAGNER/JOSEF GIETL, *Handbuch des Fachanwalts Insolvenzrecht*, 5.ª ed., Luchterhand, Colónia, 2012, p. 885.

[335] Seria o pior dos mundos: destrói a receita fiscal e destrói as empresas recuperáveis. De facto, a empresa extinguir-se-ia, os trabalhadores seriam conduzidos ao desemprego, diminuía-se a receita fiscal e o crédito seria satisfeito numa percentagem inferior à que se obteria com a recuperação do devedor. Um legislador razoável não pode ter querido um resultado destes.

BIBLIOGRAFIA

Abreu, Jorge Manuel Coutinho de – *Curso de direito comercial*, vol. I, 9.ª ed., Almedina, Coimbra, 2013.

— *Curso de direito comercial, vol. II, das sociedades*, 5.ª, Almedina, Coimbra, 2015.

— *Providências de recuperação de empresas e falência (apontamentos de direito português)*, BFD, 1998, 107.

— *Recuperação de empresas em processo de insolvência*, in: Ars iudicandi, Estudos em homenagem ao Prof. Doutor António Castanheira Neves (organizadores: Jorge de Figueiredo Dias, José Joaquim Gomes Canotilho, José de Faria Costa) vol. II: direito privado, BFD, Coimbra Editora, Coimbra, 2008, p. 9.

— *Suprimentos*, in: Estudos em homenagem ao Prof. Doutor Raúl Ventura, volume II, Direito comercial, direito do trabalho, vária, Faculdade de Direito da Universidade de Lisboa, Coimbra Editora, Coimbra, 2003, p. 71.

Afonso, Micaela Catarina Figueira – *O Saneamento por Transmissão*, dissertação de Mestrado, área de Ciências Jurídico-Privatísticas, Faculdade de Direito da Universidade do Porto, Porto, 2012 (inédito).

Alexandre, Isabel – *Efeitos processuais de abertura do processo de revitalização*, in: II Congresso de direito da insolvência (coord. Catarina Serra), Almedina, Coimbra, 2014, p. 235.

Almeida, Carlos Ferreira de – *O âmbito de aplicação dos processos de recuperação da empresa e de falência: pressupostos objectivos e subjectivos*, RFDUL, 1995, p. 383.

ARIAS VARONA, Francisco Javier – *Refinancing, debt for equity agreeements and takeover bids under spanish law*, in: Documentos de trabajo del departamento de derecho mercantil, 2011/39, mayo, 2011 (http://eprints.ucm.es/12704/1/AriasVarona.pdf), p. 4.

ASCENSÃO, José de Oliveira – *Efeitos da falência sobre a pessoa e os negócios do falido*, ROA, 1995, p. 641.

BUCHALIK, Robert – in: HANS HAARMEYER/WOLFGANG WUTZKE/KARSTEN FÖRSTER, *InsO – Insolvenzordnung, Kommentar*, 2.ª ed., ZAP Verlag, 2012, Colónia, § 270b, *Vorbereitung einer Sanierung*, p. 1871.

CAEIRO, Pedro – *Sobre a natureza dos crimes falenciais (o património, a falência, a sua incriminação e a reforma dela)*, BFDUC, Studia Iuridica, Universidade de Coimbra/Coimbra Editora, Coimbra, 1996.

CAMPOBASSO, Gian Franco – *Diritto commerciale 3. Contratti, titoli di credito, procedure concursali*, 5.ª ed., a cura de MARIO CAMPOBASSO, Utet, Turim, 2014.

CAMPOS, Diogo Leite de – *Da responsabilidade do credor na fase de incumprimento*, ROA, 1992, p. 853.

CAMPOS, Diogo Leite de/RODRIGUES, Benjamim Silva/SOUSA, Jorge Lopes de – *Lei geral tributária, comentada e anotada*, 3.ª ed., Visalis editores, 2003.

CANDIAN, Albina – *Le garanzie mobiliari, modelli e problemi nella prospettiva europea*, Giuffrè, Milão, 2001.

CARRASCO PERERA, Ángel – *Los derechos de garantia en la ley concursal*, 3.ª ed., Civitas/Thomson Reuters, Pamplona, 2009.

CARRASCO PERERA, Ángel/TORRALBA MENDIOLA, Elisa – *"Schemes of arrangement" ingleses para sociedades españolas: una crítica*, RDCPC, 14/2011, p. 349.

CASANOVA, Nuno Salazar/DINIS, David Sequeira – *PER, o processo especial de revitalização*, Coimbra Editora, Coimbra, 2014.

CASPERS, Georg – *Münchener Kommentar zur Insolvenzordnung, Band 2 §§ 80-216*, C.H. Beck, Munique, 2013, § 114, p. 690.

CORDEIRO, António Menezes – *Introdução ao Direito da insolvência*, Dir., 2005, p. 465.

— *Manual de direito das sociedades, II, das sociedades em especial*, 2.ª ed., Almedina, Coimbra, 2007.

RECUPERAÇÃO DE EMPRESAS: O PROCESSO ESPECIAL DE REVITALIZAÇÃO

— *O princípio da boa-fé e o dever de renegociação em contexto de "situação económica difícil"*, in: II Congresso de direito da insolvência (coord. Catarina Serra), Almedina, Coimbra, 2014, p. 11.

— *Saneamento financeiro: os deveres de viabilização das empresas e a autonomia privada*, in: Novas perspectivas de direito comercial, Faculdade de Direito da Universidade clássica de Lisboa, centro de estudos judiciários, Almedina, Coimbra, 1988, p. 57.

COSTA, Concetto – *La solicitud antecipada de concordato preventivo y problemas conexos*, RDCPC, 2013, p. 345

COSTA, Salvador – *O concurso de credores no processo de insolvência*, Revista do CEJ, 1.º semestre, 2006, número especial, p. 91.

COSTEIRA, Maria José – *Questões práticas no domínio da assembleia de credores*, in: II Congresso do direito da insolvência (coordenação: Catarina Serra), Almedina, Coimbra, 2014, p. 101.

CUNHA, Paulo Olavo – *Direito das sociedades*, 5.ª ed., Almedina, Coimbra, 2012.

— *Os deveres dos gestores e dos sócios no contexto da revitalização de sociedades*, in: II Congresso de direito da insolvência (coord. Catarina Serra), Almedina, Coimbra, 2014, p. 209.

— *Providências específicas do plano de recuperação de sociedades*, in: I Congresso de direito da insolvência (coordenação: Catarina Serra), Almedina, Coimbra, 2013, p. 107.

D'ANTONIO, Alfonso Castiello – *Acuerdos de reestructuración: nueva financiaciónpreconcursal y fresh money en derecho italiano*, RDCPC, 2011, p. 503.

DOMINGUES, Paulo de Tarso – *As diferentes formas de financiamento societário pelos sócios e a transmissibilidade autónoma dos créditos respetivos*, in: Estudos em homenagem ao Professor Doutor Heinrich Ewald Hörster, Almedina, Coimbra, 2012, p. 753.

— *Capitalização de sociedades*, in: Questões de direito societário em Portugal e no Brasil (coord. Fábio Ulhoa Coelho, Maria de Fátima Ribeiro), Almedina, Coimbra, 2012, p. 443.

— *O processo especial de revitalização aplicado às sociedades comerciais*, in: I colóquio de direito da insolvência de Santo Tirso (coord. Catarina Serra), Almedina, Coimbra, 2014, p. 13

— *Variações sobre o capital social*, Almedina, Coimbra, 2009.

DUARTE, Rui Pinto – *Contribuições dos sócios para o capital social: prestações acessórias, suplementares e suprimentos*, in: Escritos sobre direito das sociedades, Coimbra Editora, Coimbra, 2008, p. 225.

— *Reflexões de política legislativa sobre a recuperação de empresas*, in: II Congresso de direito da insolvência (coord. Catarina Serra), Almedina, Coimbra, 2014 p. 347.

ECKERT, Hans-Georg – Münchener Kommentar zur Insolvenzordnung, Band 2 §§ *80-216*, C.H. Beck, Munique, 2013, § 110, p. 632.

EPIFÂNIO, Maria do Rosário – *Manual de direito da insolvência*, 5.ª ed., Almedina, Coimbra, 2013.

— *O processo especial de revitalização*, Almedina, Coimbra, 2015.

ESTEVES, Bertha Parente – *Da aplicação das normas relativas ao plano de insolvência ao plano de recuperação*, in: II Congresso de direito da insolvência (coord. Catarina Serra), Almedina, Coimbra, 2014, p. 267.

FEDERLIN, Philipp – *Sicherungszession*, in, S. KÜMPEL/A. WITTIG, *Bank- und Kapitalmarktrecht*, 4.ª ed., Otto Verlag, Colónia, 2011, p. 1631.

FERNANDES, Luís Carvalho – *O Código da insolvência e da recuperação de empresas na evolução do regime da falência no direito português*, in: Colectânea de estudos sobre a insolvência, Quid Juris, Lisboa, 2009, p. 41.

— *Efeitos da declaração e insolvência no contrato de trabalho segundo o código da insolvência e da recuperação de empresa*, in: Colectânea de estudos sobre a insolvência, Quid Juris, Lisboa, 2009, p. 215.

— *O Código dos processos especiais de recuperação da empresa e de falência: balanço e perspectivas*, RDES, 1997, p. 5.

— *Sentido geral dos novos regimes de recuperação da empresa e da falência*, DJ, 1999, p. 11.

FERNANDES, Luís Carvalho/LABAREDA, João – *Código da insolvência e da recuperação de empresas anotado*, 2.ª ed., Quid Juris, Lisboa, 2013.

— *Código da insolvência e da recuperação de empresas anotado*, 3.ª ed., Quid Juris, Lisboa, 2015.

— *Código dos processos especiais de recuperação de empresa e de falência anotado*, 3.ª ed (2.ª reimpressão), Quid Juris, Lisboa, 2000.

GULLIFER, Louise/PAYNE, Jennifer – *Corporate finance law. Principles and policy*, Hart publishing, Oxford and Portland, Oregon, 2011.

HÄSEMEYER, Ludwig – *Insolvenzrecht*, 3.ª ed., Carl Heymanns Verlag, Colónia, 2003.

HESS, Harald – *Sanierungshandbuch* (com a contribuição de FRIEDERIKE HESS, PAUL GROß, DIETMAR REEH), 6.ª ed., Luchterhand, Colónia, 2013.

JAUERNIG, Othmar/BERGER, Christian – *Zwangsvollstreckungs- und Insolvenzrecht*, 23.ª ed., C. H. Beck, Munique, 2010.

JÚNIOR, Eduardo Santos – *O plano de insolvência: algumas notas*, in: Estudos em Memória do Professor Doutor José Dias Marques (coordenação dos Professores Doutores Ruy de Albuquerque e António Menezes Cordeiro), Almedina, Coimbra, 2007, p. 121.

LABAREDA, João – *Sobre o sistema de recuperação de empresas por via extrajudicial (Sireve) – apontamentos*, in: I Congresso da insolvência (coord. Catarina Serra), Almedina, Coimbra, 2013, p. 63.

LEITÃO, Luís Menezes – *A responsabilidade pela abertura indevida de um processo de revitalização*, in: II Congresso de direito da insolvência (coord. Catarina Serra), Almedina, Coimbra, 2014, p. 143.

— *A natureza dos créditos laborais resultantes de decisão do administrador de insolvência – Ac. do TRC de 14.7.2010, Proc. 562/09*, CDP, 2011, p. 55.

— *Código da insolvência e da recuperação de empresas, anotado*, 8.ª ed., Almedina, Coimbra, 2015.

— *Direito da insolvência*, 6.ª ed., Almedina, Coimbra, 2015.

MACEDO, Pedro de Sousa – *Manual de direito das falências*, vol. I, Almedina, Coimbra, 1964.

— *Manual de direito das falências*, vol. II, Almedina, Coimbra, 1968.

MACHADO, João Baptista – *Introdução ao direito e ao discurso legitimador*, Almedina, Coimbra, 1983.

MAIA, Pedro – *A qualificação e a forma dos empréstimos efectuados por sócios a sociedades por quotas. Anotação ao Acórdão do STJ de 13 de outubro de 2011*, RLJ, ano,142.º, p. 206.

MARTINEZ, Pedro Romano – *Da cessação do contrato de trabalho*, 2.ª ed., Almedina, Coimbra, 2006.

MARTINS, Alexandre Soveral – *Um curso de direito da insolvência*, Almedina, Coimbra, 2015.

— *O P.E.R. (Processo Especial de Revitalização)* in: AB Instantia, Revista do Instituto do Conhecimento AB, 2013, p. 17.

L. MIGUEL PESTANA DE VASCONCELOS

MENDES, Armindo Ribeiro – *O processo de recuperação de empresas em situação de falência*, Rev. Ban., 1987, p. 67,

MONTEIRO, António Pinto – *Contrato de agência, anotação*, 7.ª ed., Almedina, Coimbra, 2010.

MORAIS, Fernando de Gravato – *Resolução em benefício da massa insolvente*, Almedina, Coimbra, 2008.

OLIVEIRA, Ana Perestrelo de – *A insolvência nos grupos de sociedades: notas sobre a consolidação patrimonial e a subordinação de créditos intragrupo*, RDS, 2009, p. 995.

OLIVEIRA, Nuno Manuel Pinto – *Entre código da insolvência e "princípios orientadores": um dever de (re)negociação?*, ROA, 2012, p. 677.

— *Responsabilidade pela perda de uma chance de revitalização?*, in: II Congresso de direito da insolvência (coord. Catarina Serra), Almedina, Coimbra, 2014, p. 153.

OLIVEIRA, Joana Tavares de/VALENTE, Rui – *Código contributivo, anotado*, Coimbra Editora, Coimbra, 2011.

OLIVEIRA, Madalena Perestrelo de – *O Processo Especial de Revitalização: o novo CIRE*, RDS, 2012, p. 707.

PEREIRA, João Aveiro – *O contrato de suprimento*, Coimbra Editora, Coimbra, 1997.

— *A revitalização económica dos devedores*, Dir., 2013, p. 9.

PÉROCHON, Françoise – *La prevención de la crisis en derecho francês*, RDCPC, 2011, p. 511.

PIDWELL, Pedro – *O processo de insolvência e a recuperação da sociedade comercial de responsabilidade limitada*, Coimbra Editora, Coimbra, 2011.

PINTO, Alexandre Mota – *Do contrato de suprimento. O financiamento da sociedade entre capital próprio e capital alheio*, Almedina, Coimbra, 2002.

PINTO, Carlos Alberto da Mota – *Onerosidade e gratuitidade das garantias das dívidas de terceiro na doutrina da falência e da impugnação pauliana*, RDES, 1978, p. 227.

PULGAR EZQUERRA, Juana – *«Acuerdos de refinanciación y escudos protectores» en la reforma de la Ley Concursal española 22/2003*, La Ley, 7731/2011, p. 1.

— *Implicaciones concursales de la Ley 14/2013 de apoyo a los emprendedores y su internacionalización, Especial Emprendedores, las leyes que les apoyan* (in: https:

//tienda.smarteca.es/p/337/especial-emprendedores-las-leyes-que-les-apoyan).

— *La financiación de empresas en crisis*, in: Universidad Complutense, Documentos de trabajo del departamento de derecho mercantil, 2012/48, marzo de 2012 (http://eprints.ucm.es/14638/), p. 1

— *Preconcursualidad y acuerdos de refinanciación. Adaptado a la Ley 38/2011, de 10 de octobre, de reforma de la ley concursal*, La Ley, Madrid, 2012.

SÁNCHEZ-CALERO, *Refinanciación y reintegración concursal*, ADCo, 2010, p. 9.

SANTOS, Filipe Cassiano dos – *Plano de insolvência e transmissão de empresa*, in: I Congresso de direito da insolvência (coord. Catarina Serra), Almedina, Coimbra, 2013, p. 141.

SANTOS, Filipe Cassiano/FONSECA, Hugo Duarte – *Pressupostos para a declaração de insolvência no Código da Insolvência e da Recuperação de Empresas*, CDP, 2010, p. 13.

SCHMIDT, Karsten – *La reforma del Derecho concursal italiano e y el Derecho concursal alemán (un apunte de Derecho comparado desde una perspectiva alemana)*, ADCo, 2007, p. 303.

SERICK, Rolf – *Eigentumsvorbehalt und Sicherungsübertragung, Band IV, Verlängerungs- und Erweiterungsformen des Eigentumsvorbehaltes und der Sicherungsübertragung – Erster Teil, Verlängerungsformen und Kollisionen*, Verlagsgesellschaft Recht und Wirtschaft, Heidelberga, 1976.

SERRA, Catarina – *Alguns aspectos da revisão do regime da falência pelo DL n.º 315/98, de 20 de Outubro*, SI, 1999, p. 183.

— *Créditos tributários e princípio da igualdade entre os credores – dois problemas no contexto da insolvência de sociedades*, DSR, 2012, p. 75.

— *Emendas à (lei da insolvência) portuguesa – primeiras impressões*, DSR, 2012, p. 97.

— *Entre o princípio e os princípios da recuperação de empresas (um work in progress)*, in: II Congresso de direito da insolvência (coord. Catarina Serra), Almedina, Coimbra, 2014, p. 71.

— *Processo especial de revitalização – contributos para uma "rectificação"* –, ROA, 2012, p. 715.

— *Revitalização – A designação e o misterioso objecto designado. O processo homónimo (PER) e a suas ligações com a insolvência (situação e processo) e com o Sireve,*

L. MIGUEL PESTANA DE VASCONCELOS

in: I Congresso da insolvência (coord. Catarina Serra), Almedina, Coimbra, 2013, p. 85.

SILVA, Fátima Reis – *A verificação de créditos no processo de revitalização*, in: II Congresso de direito da insolvência (coord. Catarina Serra), Almedina, Coimbra, 2014, p. 255.

— *Processo especial de revitalização. Notas práticas e jurisprudência recente*, Porto Editora, Porto, 2014.

TOMÉ, Maria João Vaz/CAMPOS, Diogo Leite de – *A propriedade fiduciária (trust). Estudo para a sua consagração no direito português*, Almedina, Coimbra, 1999.

URÍA FERNANDEZ, Francisco/GONZÁLEZ-VALLINAS, Javier Calvo – *El nuevo régimen de las refinaciaciones y reestructuraciones ante el concurso*, RDCPC, 2013, p. 127.

VARELA, João Antunes – *A recuperação das empresas economicamente viáveis em situação financeira difícil*, RLJ ano 123.º, p. 137.

VASCONCELOS, L. Miguel Pestana de – *A cessão de créditos em garantia e a insolvência*, Coimbra Editora, Coimbra, 2007.

— *A Directiva 2002/47/CE do Parlamento Europeu e do Conselho, de 6/6/02 (alterada pela Directiva 2009/44/CE do Parlamento Europeu e do Conselho de 6/5/09), relativa aos acordos de garantia financeira ou os primeiros passos na harmonização do direito europeu das garantias mobiliárias*, BFD, n.º 85, 2009, p. 693.

— *A venda de créditos bancários e a insolvência da instituição de crédito. O regime da venda de créditos futuros em especial*, in I Congresso de Direito bancário (coord. MIGUEL PESTANA DE VASCONCELOS), Almedina, Coimbra, 2015, p. 199.

— *As garantias dos créditos fiscais. Regime e proposta de reforma*, RFPDF, 2013, p. 203.

— *Direito das garantias*, 2.ª ed., Almedina, Coimbra, 2013.

— *Il resanamiento preinsolvenziale del debitore nel diritto portoghese: la nuova procedura speciale di rivitalizzazione (PER)*, Dir Fall., 2013, p. 714.

— *Modificaciones recientes en el Derecho Concursal portugués*, RDCPC, 2013, n.º 18, p. 437.

— *O novo regime insolvencial da compra e venda*, RFDUP, 2006, p. 521.

VASCONCELOS, L. Miguel Pestana de/CAEIRO, Pedro – *As dimensões jurídico-privada e jurídico-penal da insolvência (uma introdução)* in: Infrações económico-financeiras. Estudos de Direito e de Criminologia (org. José Neves Cruz, Carla Cardoso, André Lamas Leite e Rita Faria), Coimbra Editora, Coimbra, 2013, p. 517.

VASCONCELOS, Pedro Pais de – *A participação social nas sociedades comerciais*, 2.ª ed., Almedina, Coimbra, 2006.

— *Responsabilidade civil do administrador da insolvência*, in: II Congresso de direito da insolvência (coord. Catarina Serra), Almedina, Coimbra, 2014, p. 189.

VENTURA, Raúl – *Alterações ao contrato de sociedade*, 2.ª ed., Almedina, Coimbra, 1996.

— *Sociedades por quotas*, vol. II, Almedina, Coimbra, 1989.

VILLANACCI, Gerardo/COEN, Andrea – *La gestione della crisi di impresa e i piani attestati di risaniamento ai sensi dell'art. 67, 3 comma lett. D) legge fallim*, Dir Fall, 2013, p. 82.

XAVIER, Vasco Lobo – *Falência*, in: Pólis, Enciclopédia Verbo da sociedade e do Estado, 2, Tipografia Guerra, Viseu, 1983, p. 1363.

JURISPRUDÊNCIA

Tribunal Constitucional

Acórdão do TC n.º 401/2013 (Cura Mariano), de 15.07.2013, in: www.tribunalconstitucional.pt/tc/acordaos/20130401.html.

Acórdão do TC n.º 607/2013 (Maria João Antunes), de 29.09.2013, in: http://www.tribunalconstitucional.pt/tc/acordaos/20130607.html

STJ

Acórdão do STJ de 13.01.2009 (Fonseca Ramos), in: www.dgsi.pt

Acórdão do STJ de 2.03.2010 (Silva Salazar), in: www.dgsi.pt.

Acórdão do STJ de 15.12.2011 (Silva Gonçalves), in: www.dgsi.pt.

Acórdão do STJ de 10.05.2012 (Álvaro Rodrigues), in: www.dgsi.pt.

Acórdão do STJ de 14.06.2012 (Oliveira Vasconcelos), in: www.dgsi.pt.

Acórdão do STJ de 18.02.2014 (Fonseca Ramos), in: www.dgsi.pt.

Acórdão do STJ de 25.03.2014 (Fernandes do Vale), in: www.dgsi.pt.

Acórdão do STJ de 13.11.2014 (Salreta Pereira), in: www.dgsi.pt

Acórdão do STJ de 24.03.2015 (Ana Paula Boularot), in: www.dgsi.pt

Acórdão do STJ de 8.09.2015 (Fonseca Ramos), in: www.dgsi.pt

Acórdão do STJ de 17.11.2015 (Júlio Gomes), in: www.dgsi.pt.

Acórdão do STJ de 10.12.2015 (Pinto de Almeida), in: www.dgsi.pt.

TRC

Acórdão do TRC de 5.12.2012 (Teles Pereira), in: www.dgsi.pt.

Acórdão do TRC de 27.02.2014 (Ramalho Pinto), in: www.dgsi.pt.

TRG

Acórdão do TRG de 10.04.2012 (Ana Cristina Duarte), in: www.dgsi.pt.
Acórdão do TRG de 2.05.2013 (Antero Veiga), in: www.dgsi.pt.
Acórdão do TRL de 09.05.2013 (Ondina Carmo Alves), in: www.dgsi.pt.
Acórdão do TRG de 01.10.2013 (Fernando Fernandes Freitas), in: www.dgsi.
   pt.
Acórdão do TRC de 2.10.2013 (Freitas Neto), in: www.dgsi.pt.
Acórdão do TRG de 29.10.2013 (Edgar Gouveia Valente), in: www.dgsi.pt.
Acórdão do TRG de 20.02.2014 (Jorge Teixeira), in: www.dgsi.pt.
Acórdão do TRG de 20.02.2014 (Moisés Silva) in: www.dgsi.pt.

TRL

Acórdão do TRL de 11.03.2013 (Leopoldo Soares), in: www.dgsi.pt.
Acórdão do TRL de 21.11.2013 (Olindo Geraldes), in: www.dgsi.pt.
Acórdão do TRL de 23.01.2014 (Maria José Mouro), in: www.dgsi.pt.
Acórdão do TRL de 13.03.2014 (Jorge Leal), in: www.dgsi.pt.

TRP

Acórdão do TRP de 13.07.2011 (Soares de Oliveira), in: www.dgsi.pt.
Acórdão do TRP de 14.11.2011 (Rui Moura), in: www.dgsi.pt.
Acórdão do TRP de 11.09.2012 (Maria Cecília Agante), in: www.dgsi.pt.
Acórdão do TRP de 16.03.2013 (Deolinda Varão), in: www.dgsi.pt.
Acórdão do TRP de 17.06.2013 (Maria Adelaide Domingos), in: www. dgsi.
   pt.
Acórdão do TRP de 28.06.2013 (Maria Amália Santos), in: www.dgsi.pt.
Acórdão do TRP de 19.07.2013 (Rui Moreira), in: www.dgsi.pt.
Acórdão do TRP de 30.09.2013 (Oliveira Abreu), in: www.dgsi.pt.
Acórdão do TRP de 10.10.2013 (Judite Pires), in: www.dgsi.pt.
Acórdão do TRP de 21.10.2013 (Carlos Querido), in: www.dgsi.pt.
Acórdão do TRP de 26.11.2013 (Maria Graça Mira), in: www.dgsi.pt.
Acórdão do TRP de 4.02.2014 (Anabela Dias da Silva), in: www.dgsi.pt.

Acórdão do TRP de 27.02.2014 (Judite Pires), in: www.dgsi.pt.
Acórdão do TRP de 26.03.2015 (Leonel Serôdio), in: www.dgsi.pt.

Tribunal Central Administrativo Norte

Acórdão do Tribunal Central Administrativo Norte de 14.03.2013 (Pedro Marchão Marques), in: www.dgsi.pt.

ÍNDICE

PREFÁCIO	7
SIGLAS	9

1. Introdução	11
2. A evolução do direito da recuperação	12
2.1. Do Código de processo civil ao Dec.-Lei n.º 177/86, de 2/7	12
2.2. O Código de processo especiais de recuperação da empresa e de falência (CPEREF)	17
3. O Código da Insolvência e da recuperação de empresas (CIRE)	22
3.1. Traços gerais	22
3.2. O caráter inapropriado do processo para a recuperação do devedor	26
4. O direito comparado. Apontamento	33
5. O regime do PER	38
5.1. O âmbito de aplicação	39
5.1.1. O âmbito de aplicação subjetivo	39
5.1.2. O âmbito de aplicação objetivo	40
5.2. As relações com o processo de insolvência e o Sireve	50
5.3. As modalidades de PER	51
5.3.1. Acordo no seio do processo	52
5.3.1.1. A iniciativa	52
5.3.1.2. A reclamação de créditos	54
5.3.1.3. As negociações	58
5.3.1.4. Os efeitos da nomeação do administrador judicial provisório	63
5.3.1.5. A conclusão das negociações	66

5.3.1.5.1. A existência de acordo   67

5.3.1.5.1.1. O regime pregresso   67

5.3.1.5.1.2. O regime atual   70

5.3.1.5.2. A inexistência de acordo   73

5.3.1.5.2.1. A declaração de insolvência do devedor   74

5.3.2. O acordo extrajudicial   76

6. As providências de revitalização   79

6.1. As providências incidentes sobre o passivo do devedor   79

6.2. A conversão dos créditos sobre o devedor em participações sociais   83

7. A proteção do financiamento do devedor (o *fresh money*)   86

7.1. A proibição de resolução   87

7.2. A concessão de um privilégio mobiliário geral aos novos capitais   91

7.3. A proteção das garantias prestadas   101

7.4. Aspetos subjetivos. O financiamento concedido pelos sócios   103

7.4.1. Os empréstimos pecuniários dos sócios nas sociedades por quotas   105

7.4.2. Os empréstimos pecuniários dos sócios nas sociedades anónimas   110

8. As garantias   114

8.1. As garantias sobre os créditos futuros   115

8.2. O penhor rotativo sobre bens móveis   121

9. O regime dos créditos tributários e da segurança social   121

9.1. O pagamento a prestações   122

9.2. A moratória ou redução de créditos tributários num plano de recuperação 127

BIBLIOGRAFIA   143

JURISPRUDÊNCIA   153

ÍNDICE   157